嘉定鎮江志（二）

橫山草堂叢書

②

陳慶年 編

江蘇地方文獻叢刊

廣陵書社

嘉定鎮江志卷十一

古蹟

敍缺

居宅

敍缺

丹徒縣

晉刁勰宅在城西南四里近宅有橋勰因毀爲航號長廣航

南唐林仁肇宅在今之朱方門外一里後爲故相蘇頌居第頌以仁肇忠勇乃爲立廟于宅之東側蘇氏諱訓仁肇

廟今在前軍寨之山上甚小
贊善大夫陳翊築室京口徐鉉有送翊還鄉序有云戴
仲若軒垂之地不減風煙蒲眞人鹿跡之鄉依然川域
詳見徐鉉集
宋故相秀國陳升之宅在朱方門外范公橋之南蘇氏
譚訓載之甚詳今爲後軍寨并酒海酒庫京口集有升
之營所居詩及沈括陳丞相宅避暑詩括筆談云秀公
治第于潤極爲閎壯宅成已疾甚惟肩輿一登西樓舊
總所中酒庫相對運河東岸側有秀公亭後廢
翰林學士三司使沈括宅在朱方門外之東自誌云翁

年三十許時嘗夢至一處登小山花木如覆錦山之下有水澄澈極目而喬木翳其上夢中樂之將謀居焉自爾歲一再或三四夢至其處習之如平生之遊後十餘年翁謫守宣城有道人無外謂京口山川之勝邑之人有圃求售者及翁以錢三十萬得之然未知圃之何在又後六年翁坐邊議謫廢乃廬于潯陽之熨斗洞爲廬山之遊以終身焉元祐元年道京口登道人所置之圃怳然乃夢中所遊之地翁歎曰吾緣在是矣於是棄潯陽之居築室于京口之陲巨木蓊然水出峽中停縈杳繚環地之一偏者目之夢溪溪之上聳爲邱干木之花

緣焉者百花堆也腹堆而廬其閒者翁之棲也其西蔭于花竹之閒翁之所憩殼軒也京口集有殼軒詩軒之瞰有閣俯于阡陌巨木百尋闘其上者花堆之閣也據堆之崩集茅以舍者岸老之堂也背堂而俯于夢溪之顏者蒼峽之亭也西花堆有竹萬箇環以激波者竹塢也度竹而南介途濱河鋭而垣者杏嶺也竹閒之可燕者蕭蕭堂也蔭竹之南軒于水濸者深齋也封高而締可以眺者遠亭也居在城邑而荒蕪古木與豕鹿雜處客有至者皆頻額而去而翁獨樂焉漁于泉舫于淵俯仰于茂木美蔭之閒所慕于古人者陶潛白居易李約謂之三

悅與之酬酢于心目之所寓者琴棊禪墨丹茶吟談酒謂之九客居四年而翁病涉歲而益羸瀕槁木矣豈翁將蛻於此乎長興集今半爲前軍寨

故相魏國公蘇頌宅在化龍坊今日化隆與陳升之宅相近即林仁肇故居也頌新居成次七弟大夫韻有版築多遺址經營信昔緣之句注舊址乃林仁肇故宅版築時猶有舊甎甓林亦溫陵人而家此今余居有之信非偶然耳頌始建第皆法故相杜衍務爲儉素曾肇銘頌之墓曰築第京口僅庇風雨蘇氏譚訓曰頌以宮使居化龍之新第著百韻詩代家訓具述祖先基業平生艱勤

訓飭子孫俾謹守家法無墜世緒

知院蔡卞宅在登雲門裏與莊定公王存宅相近舊有閣曰元儒亭會之閣徽宗御書額其地今爲右軍寨

中書侍郎劉逵宅在長橋之南建炎末爲宣撫司

丹陽縣

晉王珣宅在丹陽縣南一里後捨爲朝陽寺

梁武帝宅基在塘頭村即位幸舊宅觀舊井井上梨棗並見時所植尚存

唐桓彥範宅缺

張祜宅□在□□祜字承吉元和中作宮體小詩辭曲

豔發窺建安風格以曲阿地古澹有南朝之遺風遂築室種木而家焉顏萱後經其故居已易他主詩見類集

陸澧宅在丹陽嚴維有自雲陽歸晚泊陸澧宅詩見類集

權德輿宅在練湖上德輿有送其叔赴晉陵詩序云德輿舊居丹陽去晉陵百里又有憶江南舊居詩曰結廬常占練湖春歲久莫識其處

宋樞密副使邵亢宅在耿岡

中書舍人蔡肇宅在竹塘村

陳輔居縣之南郭

金壇縣

宋參知政事張綱宅在金壇縣西之希墟村

知樞密院事湯鵬舉宅在東之小墟村紹興丁丑二公並爲執政邑人呼張爲西府湯爲東府云

陵墓

敘 缺

陵

丹徒縣

宋興甯陵在縣東南三十五里武帝追尊曰孝皇帝諱翹初仕郡爲功曹元和郡縣圖志孝穆趙皇后本傳高祖之母

葬丹徒縣東鄉諫壁里雩山陵曰興甯
孝懿蕭皇后本傳孝皇帝之繼室亦葬丹徒興甯陵崩
時年八十一遺令曰孝皇背世五十餘年古不祔葬且
漢世帝后陵皆異處今可於塋域之内别爲一壙孝皇
陵墳本用素門之禮與王者制度奢儉不同婦人禮有
所從可一遵往式乃開别壙與興甯陵合墳初高祖微
時貧約過甚孝皇之殂葬禮多闕高祖遺旨太后百歲
後不須祔葬至是故稱后遺令施行
胡婕妤本傳文帝之母葬丹徒陵曰熙甯榮陽盧陵衡
陽三王墓並在域東

丹陽縣

齊宣帝休安陵在縣北二十八里高帝父也追尊爲宣皇帝

景帝道生永安陵在縣東北二十六里明帝父也追尊爲景皇帝

高帝道成泰安陵在縣東北三十一里

武帝賾景安陵在縣東三十二里

明帝鸞興安陵在縣東北二十四里並元和郡縣圖志輿地志云泰安陵景安陵興安陵在故蘭陵東北金牛山其中邱埭西爲齊梁二代陵隧口有大石麒麟辟邪夾道有

亭有營戶守典之四時公卿行陵乘舴艋自方山由此
入蘭陵升安車軺傳驛置以至陵所
梁文帝順之建陵在縣東北二十五里武帝父也后張
氏謚文獻合葬輿地志云梁大同元年作石麒麟自京
師由曲阿中邱至陵所初甚難近陵二十餘步忽如躍
走時以爲瑞帝不悅終有侯景之亂
按建康實錄及隋志曲阿縣建陵隧口石麒麟起舞
皆在大同十二年與志異又碑曰太祖文皇帝之神
道武帝父順之仕齊爲領軍將軍封臨湘侯武帝卽
位追尊爲文皇帝廟號太祖見姚思廉陳書及南史

并建康實錄武帝大同中作石麒麟乃置于此墓至歐陽修集古目錄乃以此碑爲宋文帝長甯陵自在蔣山見沈約宋書及建康實錄甚明此乃梁文帝建陵特其八字與文帝廟謚偶同爾

武帝衎修陵在縣東三十一里后郗氏先葬天監七年詔修建二陵周回五里內居人賜復終身大同十年武帝鑾幸蘭陵謁建陵有紫雲蔭覆陵上食頃乃散帝望陵流涕所霑草皆變色陵傍有枯泉至是流水香潔辛丑哭於修陵詔曰朕違桑梓五十餘載展敬園陵但增感慟園陵職司共事勤勞並賜位一階并加頒賚唐貞

觀十一年詔令百步禁樵採
簡文帝綱莊陵在縣東二十七里簡皇后王氏合葬詔
曰簡皇后窀穸有期昔西京霸陵因山爲藏東漢壽陵
流水而已朕屬値時艱歲飢民弊方欲以身率下永示
朴厚今所營莊陵務存約儉有港名蕭港直入陵口陵
前石麒麟高丈餘寰宇記云梁簡文帝陵有麒麟碑
金壇縣缺
墓
丹徒縣
吳孫氏墓在城南

按孫氏諸陵堅曰高陵在曲阿權曰蔣陵在鍾山惟策在丹徒爲許貢之客所害後權稱號追謚策曰長沙桓王陳壽嘗言割據江東策之基兆權尊崇未至故此不稱陵而稱墓類集謂孫氏陵在城南復取何遜行經孫氏陵詩附之誤矣蓋遜所題乃權墓也

晉郗曇墓陳時東征北軍于丹徒盜發曇墓見建康實錄

褚裒墓在城南七里

宋神士墓少帝時南徐有一士子從華山往雲陽與客舍中一女子相與死因合葬呼曰神士冢出系蒙太平

廣記載

南唐徐知諫妻贈東平郡君呂氏墓在普濟院之左知諫記文尚存乾貞三年己丑沙門令威立石

宋兗王李從謙墓在城南之望城堤俗呼爲兗王墳其石翁仲一尚在適吳門內河西岸聖井子之旁

京西轉運使蘇舜元墓在五老山端明殿學士蔡襄銘

尚書左丞莊定王存墓在仙風里翰林學士曾肇銘

祠部員外郎秘閣校理贈少師王介墓在蒜山東荊國文公王安石文忠公蘇軾皆有挽詩見集中

　介之子延康殿學士王漢之墓在黃杜村馬鞍山中

書舍人程俱銘

光祿卿王罕及其妻夫人狄氏子昭州平樂縣主簿潞

並葬崇德鄉永安里丞相岐國公王珪銘

禮部郎中米芾墓在黃鶴山中書舍人蔡肇銘

芾之父左武衛將軍贈中散大夫□母贈丹陽縣太

君閻氏皆葬於此山

同知樞密院事林希墓在馬跡山門下侍郎許將銘

尚書左丞謚安惠鄧潤甫墓在下鼻塘

秘書監知應天府翟思墓在鐵爐山

思之孫兵部侍郎翟紱墓亦葬其山之東南阜

朝散大夫知楚州陳向墓在長山之白雲崗內翰沈括
銘
丞相文肅曾布墓在長山之相公灣
布從子左奉議郎知舒州曾纁葬丹徒鄉內翰汪藻
誌
正議大夫曾□墓在獨市村
朝散大夫提點杭州洞霄宮蔡淵葬東霞山翰林學士
毛友銘
吏部尚書蔣猷墓前志云在五州山之西阜
今按內翰汪藻誌猷墓乃云葬明州鄞縣鳳翔鄉隱

學士之東尚未知孰是故兩存之

中書侍郎劉逵墓在汝山其子居實自爲誌

資政殿學士趙野墓在圌山之陽靖康初野過高密爲

賊所害紹興中招魂葬此

觀文殿學士謚忠簡宗澤墓在京峴山顯謨閣學士曾

懋銘近守臣吏部侍郎俞烈重建饗堂

承議郎知眞州劉公彥墓在金山寺地內

開府儀同三司詹文墓敕葬白兔山榮國夫人何氏墓

附

資政殿學士詹度墓在白兔山今其族居繒雲

供備庫副使贈武顯大夫向子莘墓在官塘橋西北長
樂山朝議大夫吳說碣子莘子所生母永康縣大君夏
氏妻靜安縣君曾氏及其子婺州義烏丞游沂州司刑
曹掾監行在贍軍北酒庫徽建康排岸湋皆葬於此山
第六子直徽猷閣荆湖北路轉運副使泃之妻令人俞
氏及其次子奉議郎通判常德府士裴墓在長山
龍圖鄭□墓在謝家灣
殿丞周□墓在繆家山南
尚書郎洪□墓在繆家山
運使高□墓在官塘橋東

兵部郎張頡墓在橫山尚書凌景夏誌

通奉大夫淮南運判孫藎墓在馬鞍山

後湖居士蘇庠墓在馬跡山金橋村大萊

知處州柳仲永墓在黃茂山

節度使魏勝墓在汝山之漩水灣

都統制謚毅武王勝墓在城西朱家灣

成肅皇后父謝冀王墓在鶴林門之東南

太原郡侯贈節度使王剛墓在城南七里堽

直顯謨閣呂擢墓在汝山之漩水灣

蠹齋先生眞州教授周孚墓在檀山

朝奉郎通判范邦彥墓在京峴山南
朝請郎西外宗正丞張大允墓在寶葢山
鄉貢進士姜謙光墓在繆家松塔灣
湖州教授陳珙墓在義里鄉分流村西
朝請大夫知辰州王萬全墓在白兎山
建康府教授田曉墓在京峴山北馬鞍山
步帥果州團練使劉超墓在長山
中奉大夫成都運判霍篪墓在汝山
權馬司左領衛將軍張艮顯墓在長山
殿帥節度使郭鈞墓在長山

宣義郎將作監主簿馬元穎妻榮氏合葬墓在汝山

贈少師應安道墓在長樂鄉青山

武義大夫何淮墓在京峴山南西營村

總管佐領衞將軍李師閔墓在長山

廸功郎常州武進縣主簿孔璿墓在丹徒鄉罔山之陽孔子四十九世孫建炎南渡後寓居因葬於此

成忠郎孔珪墓在丹徒鄉罔山之陽璿之弟

丹陽縣

吳孫堅墓在吳陵港土人至今稱爲孫墳以其最大異於他墳又呼曰大墳

按堅征襄陽爲黄祖所殺吳志及建康實録皆言還
葬曲阿後權稱尊號謚堅武烈皇帝墓曰高陵
晉周氏墓在延陵西六里
包氏墓在延陵北一里
梁宏偃將軍墓在石羊子有八冢大小相接
按蔡佑雜記云丹陽縣北瀕河十八里地名石羊子
有牧童見雉雞逐之入土穴中遂告其主人夏里正
即穿其穴乃一大冢繼爲人所告就獄具說有碑石
碎而沈於練湖中求之不獲云是宏偃將軍墓梁朝
人追取到銅器制度皆不甚古或云爲縣所易墓有

四室在旁中閒一室二厦開是時余官京口目覩茲
事乃政和丁酉歲也

宋三司鹽鐵判官邵飾墓在彭泉村御史裏行陳洙誌

龍圖直學士邵必墓在□□
必之子通判邵約史墓在□□

樞密副使邵亢墓在耿堰村

將作監主簿章友直墓在縣金牛山東園荆國文公王
安石銘

直秘閣知盱眙軍俞長吉之墓在經山

隱居竇從周墓在呂城之東南五里

金壇縣

漢左恢墓在縣北一十八里毗陵先賢傳云恢字伯嚮曲阿人累拜尚書左丞京師稱其清高後遷會稽太守

左忠墓在縣南一十八里先賢傳云忠字思和曲阿人凡爲七邑所至有異政

吳左思墓在縣北一十八里先賢傳云思字公行雲陽人材量雄偉孝行純篤累遷會稽餘杭長沙三郡守

晉吏部東陽太守袁宏墓在縣西一十五里

周祇墓在縣北七里建康實錄祇爲國子博士宋武帝遣劉敬宣伐蜀祇以書諫帝不從敬宣果無功而還

宋司空錄尚書徐羡之墓在縣西南二十里羡之東海郡人

梁中書舍人給事中王國侍郎袁興祖墓在縣東一十三里興祖字道生捨所居宅爲法中平等寺勒碑紀實

散騎侍郎巴陵太守潘闡之墓在縣東二十五里闡之字文昌廣識多能爲瑯邪巴陵二郡太守

唐戴叔倫墓在縣南三里翰林學士右補闕梁肅撰神道碑

宋屯田郎姚闢之族弟姚存族姪純孟皆嘗知某縣時顯者稱長官二人葬金壇鄉人稱之至今曰姚長官墳

知岳州陳孝威墓在上元鄉之西張莊
中書侍郎謚忠穆張慤墓在上元鄉望張之原
宗正丞蘇嘉墓在上元鄉去茅山十里郡人蔡蕹誌
徽猷閣待制曾統墓在方山之原
統之孫吏部尚書曾�亦葬此山
直寶文閣知建康府張鎮墓在縣西方山
右文殿修撰知桂州張君冑墓在上元鄉之西張莊
大理少卿譚知柔墓在縣西強塘之原
右司知常州莊必彊墓在縣東五里橫堰
參知政事謚文簡張綱墓在希墟

知樞密院事謚敏肅湯鵬舉墓在小墟
大理卿吳交如墓在上元鄉三培之原
奉直大夫知吉州王萬樞墓在上元鄉白水塘之原
雲茅居士劉蒙慶墓在方山之麓
稻田提舉堵閭墓在唐安鄉南戴莊

嘉定鎮江志卷十一終

嘉定鎮江志卷十二

宮室

樓

丹徒縣

多景樓在甘露寺天下之殊景也始因焚蕩再建畫齋周宇稱樓非舊址唯東面可眺三隅暗甚詩云往時百仞山丹陽麗朝日江天富佳致收攬不遺一匆匆熙豐事電往那可詰故基誰為徙勝概從此失如窺一面網反隳三淩室幽懷鬱塵霧老眼暗髹漆乾道庚寅守臣待制陳天麟乃重徙建為記曰多景樓不知其所始與

所以名寺興於唐縣李衛公以後登北固題詠者皆不及多景則樓當建於本朝無疑獨不知其歲月初爲樓者誰也今樓中石刻有米公元章詩且云禪師有建樓意故書禪師不載何名當元章時尚未樓而東坡先生熙甯甲寅歲自杭過潤與孫巨源王正仲會於此賦江天斜照傳於樂府不知與元章賦詩時歲月相去幾何豈有之而中廢耶或云熙甯中主僧應天爲之是皆不可知也考丹陽類集寺凡樓觀四曰雨華清暉凝虛多景其一也劫火之餘蹤跡難辨近歲有言於太守方公滋者指優婆塞之居爲舊址公因以其所名之啟窗東

鄉僅得圖汝焦石數山長江一曲則景固未嘗多也謂此爲是是又未可知也下臨峭壁岸稍稍壞難於立屋主僧化昭危之乃相地於寢堂之西爲屋五楹牓以元章舊跡登者以爲盡得江山之勝蓋東瞰海門西望浮玉江流縈帶海潮騰迅而惟揚城堞浮圖陳于几席之外斷山零落出沒於煙雲杳靄之間至天清日明一目萬里神州赤縣未歸輿地使人慨然有恢復意則是樓也安知其非故處不然亦足以實其名矣京口氣象雄偉殆甲東南北固瀕江而山聳峙斗絶在京口爲最勝而今之建樓之地又爲北固勝處昭蜀人也胷中不錄

錄故於是舉爲宜其後秘撰耿秉重修吳琚詩云幾年殊草創今日見天成牓曰天下第一江山

北固樓或名爲亭輿地志北固山有亭屋五間蔡謨以置軍實劉牢之敗爲其子敬宣所焚梁武帝改固爲顧有登北顧樓詩則其名久矣乾道己丑守臣待制陳天麟建有記至嘉定甲戌待制史彌堅命郡吏搜訪得之碑裂爲三而失其一然其後尚可讀也記曰北固京口闕九字上至梁樓壞爲亭武帝登望闕七字百餘年所謂亭者邈不知何許闕五字於圖經者舊云甘露即其地其然闕五字載別嶺入江高數十丈三面臨水號曰北固予觀

京口諸山起伏繚繞出入城府率如瓜蔓旃綴今甘露最近江屹立西鄉而山南北皆闕一字田蓋昔江道也與南史所云合矣予于連滄觀之西爲亭面之而復其舊名則甘露之爲北固其亦安之而不辭矣夫六朝之所以名山蓋自固爾其君臣厭厭若九泉下人甯復有遠略茲地控楚負吳襟山帶江登高北望使人有焚龍庭空漠北之志神州陸沈殆五十年豈無忠義之士奮然自拔爲朝廷快宿憤報不共戴天之讎而迺甘心恃江爲固虜則予是亭之復不特爲登覽也舊亭在郡圃後紹熙壬子殿撰趙彥逾徙亭于山西向規制狹小至嘉

泰壬戌閣學黃由增廣之

喜雨樓在嘉定橋東嘉定甲戌守臣待制史彌堅鼎建有記

丹陽縣　缺

金壇縣　缺

臺

丹徒縣　缺

丹陽縣　缺

金壇縣

武功臺在金壇縣宇西池中有石記後爲縣尉鄭儒毀

去惟龜趺存焉詳見金壇縣治

亭

丹徒縣

濟川亭在潮閘之南守臣待制史彌堅建并書舊有安流亭圮陋弗葺嘉定甲戌渠濬閘成撤而新之凡十楹爲重客候潮偃薄之所

皇華亭在丹陽館南後通潮渠守臣顯學張子顏建

需亭在府治西九里江津之上漢末劉備自詣京口見孫權求荆州權遥表漢以備爲荆州牧權自餞備於江上觀望久之謂備曰孤與公埽清逋穢迎帝定都事甯

之日願與公乘舟遊滄海耳備對曰此亦備之志也以泝江發棹處欣之正當此地舊亭絶小乾道己丑守臣陳天麟重建

送舟亭舊名南新亭在丹陽館南

晚山亭在連滄觀下

丹陽縣

神亭輿地志云在延陵縣西三十里即吳長沙王策遇太史慈處也吳志孫策渡江轉鬬所向皆破進擊劉繇於曲阿繇同郡太史慈偵視輕重時獨與一騎卒遇策於神亭策從騎十三皆堅舊將韓當宋謙黄蓋輩也慈

便前鬬正與策對策刺慈馬而擥得慈項上手戟慈亦
得策兜鍪會兩家兵騎並各來赴尋解散繇與策戰兵
敗走丹徒策入曲阿勞賜將士後於涇縣獲慈策捉其
手曰甯識神亭時耶若卿爾時得我云何慈曰未可量
也策大笑曰今日之事與卿共之

金壇縣缺

堂

丹徒縣

妓堂在城東南唐李德裕題北固山詩云班劒出妓堂
注郡城東南有謝公妓堂遺跡

丹陽縣缺

金壇縣缺

公廨

敘缺

治所

祥符圖經載官舍除州治外凡十二處通判在州衙西偏推官在州衙南門外西偏州院司理院並在州衙南門外兵馬監押在州衙西南監清酒同監清酒監茶稅同監稅監織羅務並州衙西門外監堰在州西南二里迴車院在西北

一里葢是時郡寮之數止如此其後寖多始時
別乘一員今增爲兩員其下又有簽判矣始時
都監一員今增爲五員而其上又有鈐轄矣始
時推官一員監當官共七員今推官分爲節察
二員而監當則有監倉監庫監酒監稅監閘及
排岸巡鋪作院等官矣兵官監當員衆無定居
不能盡述

郡治

總領所在府治西南月觀之下
供軍堂隆興二年總領洪适建

花信亭洪适建

得江樓洪适建記曰江出岷山行萬里至于朱方受浙引淮益大以肆衝激洄折過海門而東之潮生洲滅不見垠隄駭濤靜練瞬息異狀金焦二山屹然中立形勢雄絕于是爲最昔人謂長江當百萬之師而曰天隔南北得其險也至於轉漕得之則陳陳銜舳費減流馬浮家者得之則布颿千里朝發夕居行商得之則稛載奇貨什一可逐騷人得之則可以導詞源助子墨漁者得而網罟耕者得而漑灌算計見効隨其所得江固自若也予官寺占鐵甕之西登墉以望巨浸橫前境與心遠

有地數畮岺闕高下吏卒散處猶蜂房然會羽書不馳
官事少閒徙茅茨去蕪穢立屋其顛以得江扁之右爲
供軍之堂左爲花信之亭堂言職亭言景也當沈迷錢
榖之間神耗思滯攬鏡自嘆非復故吾伺隙一至如起
宿痾如逃醉鄉長川遙岑寄我清嘯陰晴朝莫無時不
勝豈直吞八九雲夢而已顧瞻裴回以今監古考戰爭
之陳迹憤侵陵之近事飲馬之役春秋所必報予再書
下考視蔭懷歸天開風競中流擊楫後之人將於此而
觀之
仁亭乾道元年總領曹逮建

愛山堂淳熙二年總領文惠錢良臣建

紬書堂淳熙八年總領宇文子震建

小蓬萊宇文子震建帥幕鄧諫從上梁文

山春亭杏亭並宇文子震建　右供軍堂花信亭得江

樓愛山堂杏亭錢仲彪重修

一笑亭嘉泰三年總領梁季珌建取黃魯直詩坐對眞

成被花惱出門一笑大江橫

丹徒縣治

向吳亭在府治之南三里唐陸龜蒙詩秋來頻上向吳

亭其更號通吳驛不知始於何時乾道庚寅守臣秘閣

蔡洸給公帑緡錢命丹徒宰韓元老重建仍復唐舊名
揭之
監務廳在縣東北二里一百步今廢
丹陽縣治 缺
三賢堂令徐文度立郡貳校書陳謨記國錄李琪制迎
送神辭蘇庠勉陳東赴京手帖在焉
金鬻池 缺
金壇縣治 缺
監稅廳舊寓慈雲寺嘉定中宰黃朴監務廖昌緒創建
倉

敘 缺

丹徒縣

轉般倉紹興七年每上江糧運至鎮江冬則候潮閘占舟而防摺運綱兵亦復侵耗運使向子諲乞置倉以轉般爲名諸路綱至即令卸納從之在大圍橋西北前臨潮河後枕大江淳熙戊戌守臣待制司馬伋總領葉翥運副陳峴三司同創開禧初守臣待制李大異增爲五十四敖逮今約儲米六十餘萬石外續納米餫敖少不足以容司庾者擬於總所大軍倉借敖交受然以朝家樁積寄之他司出納混淆兩皆不便嘉定甲戌守臣待

制史彌堅念濱江積貯最爲利濟要須儲蓄百萬以便轉輸倉後隙地尚可展拓新開歸水澳去倉密邇就運澳土積成敖基力省功倍乃以借敖增敖利害諗于朝奉旨起蓋敖宇二十座以乙亥五月庚申鳩工八月甲午竣事

都倉在府治之東南郎學宫故址也舊敖八歲久傾摧所貯無幾守臣待制史彌堅增創倉宇併葺其舊而新之越數月始畢記曰直子城東南隅是爲都倉歲久弗葺椽桷朽蠹垣壁隤缺上雨旁風儲峙弗嚴庾氏司出納無一席地以涖事執筆循除而坐俛首塵粃中尚何

望會計當耶西成既秩民租麇至舊敖褊隘不足以受所委則假他司空廩而寄藏焉發斂無定所輸受者始交病矣嘉定癸酉九月余來守是邦怪而問之屬秋入方殷黽勉故態明年夏因稍給之隙始先葺新而規廣之築土增高使絕浸潤疏剔蕪壅以去流潦甃甎級石累壍層庋甓密剛壯俾利永久列爲十有二敖因舊而增葺者半之官廳神祠門闕之制向所闕典今悉備具肇工于次年四月二十八日斷手於十月二十二日屋以間計合六十費羡餘之泉凡千二十萬米一百五十五石民不知役而倉已新夫積貯有邦之先務葢藏有

司之常職靳小費苟歲月而恃假寓以爲安是隳常職
而慢先務也余爲郡不能自閑補罅疏壅扶僵植壞政
條稍稍舉乃以餘力而營斯倉倉成會歲大稔復斥公
帑糴粟實之以備不虞於積貯先務詎能補萬分一庶
其不廢有司之職云爾
戶部大軍三倉南倉在范公橋東北倉在子城西西倉
在江津歲久弗葺嘉定壬申總領錢仲彪次第修葺閱
再朞而三倉一新積貯充牣

丹陽縣

常平倉在縣東北一里普甯寺北

金壇縣

常平倉在縣治東南五十步

庫

敍 缺

丹徒縣

戶部大軍庫在榷貨務之北

甲仗庫在丹徒縣東紹興十二年建以封樁御前甲仗庫名嘉定壬申總領錢仲彪重修官溝界至舊爲民冒占者復歸於官矣

四酒庫中庫在長橋之北西庫在果子巷内西上庫在

潒水橋之西江口庫在京口閘之西
寄樁庫在府治西舊爲新倉
効士上酒庫在軍資庫南
効士下酒庫在南山亭之東守臣待制史彌堅創
公使錢庫在架閣庫前
戶部贍軍庫在竹竿巷西
酒庫八仙庫在大圍橋之東八角樓在小圍橋之西眉
壽中山二庫在縣橋南清和樓在刁家巷雙望庫在仁
和門裏酒海在朱方門外諸樓亦各有庫
丹陽縣

常平庫在縣衙內

金壇縣缺

驛傳

按唐宰相世系表姚𩔗浙西館驛巡檢徐鉉集

尙慤潤州館驛巡官又知丹陽縣呂延正兼檢

點館驛迎送公事是則前代亦嘗名官矣

丹徒縣

高資館在義里鄉高資村離城三十里昇潤往來之衝

淳熙十二年八月文惠錢良臣建

丹徒驛在州治西與丹陽館相近舊呼爲西行衙後爲

添差倅廳

丹陽館在千秋樓之側紹興甲子守臣顯學鄭滋被旨建南爲中門東西列二館皆向南每北使往來朝廷遣接伴送伴使至此則主居東館客居西館時弗啟若泛命使指及監司按部亦憩於此

秦潭驛在丹陽館北面臨漕渠卽蕭閑堂之故基按茅山洞中有蕭閑居堂名取此陸龜蒙京口與友生話別詩云荷徑遶秦潭注秦潭始皇所開

丹陽縣

使館在縣東五里面臨漕渠紹興丁卯令蘇忠規建

金壇縣

舊有華陽館在縣南三十里唐貞觀中建
延陵館在縣治西五十步唐聖歷中建後廢今館驛在
縣治東南一百三十步

郵傳

敘缺

丹徒縣

縣一十四鋪三百二十四人登雲門外西接建康界首
六鋪施水坊鋪離城下鋪六里半鋪兵一十六人下鼻
鋪離城十里半鋪兵二十六人樂亭鋪離城一十
七里鋪兵二十六人洪信鋪離城三十三里半鋪兵一
十六人高資鋪離城三十里鋪兵二十六人炭渚鋪係
界首離城四十五
里鋪兵二十六人江口西津東至丹陽縣界計八鋪西
津

鋪至城下鋪六里半鋪兵二十六人城下鋪至城內千秋橋西口口口鋪兵二十六人南門鋪在南水門外六里半鋪兵二十六人張家山鋪離城六里半鋪兵一十六人丹徒鋪離城一十三里鋪兵二十六人㵎壁鋪離城二十五里鋪兵二十六人陶莊鋪離城二十八里半鋪兵一十六人新豐鋪離城三十五里鋪兵二十六人

丹陽縣

本縣額管七鋪計一百八十二人覇頭鋪離城四十四里鋪兵二十六人石羊子鋪離城五十三里鋪兵二十六人斜橋鋪離城六十二里鋪兵二十六人青陽鋪離城七十五里半鋪兵二十六人淩口鋪離城八十九里鋪兵二十六人柵口鋪離城一百八里半鋪兵二十六人呂城鋪離城一百二十二里鋪兵二十六人

金壇縣

本縣額管三鋪計一十五人横塘鋪離城九十三里鋪兵五人張莊鋪離城一百

一十三里鋪兵五人城下鋪
離城一百四十里鋪兵五人

務

敘 缺

丹徒縣

織羅務潤州造羅務舊課十二日成一匹王子輿制置江浙匹減一日自後功課不及歲終頗以鞭箠督促眞宗聞之謂左右曰如此之事朝廷何由得知葢貪功邀進之人爲國生事當詔悉如舊制因察在京諸司有此類者悉革之紹興二年鎮江織造務歲貢御服花羅數千疋兵興罷貢至是內藏庫舉行守臣胡世將奏民力

凋弊無所從出有司勑世將違旨府寮皆懼世將曰以身任諸無憂戊寅詔罷之上曰軍興匱乏豈可以御服之物爲先且省七萬緡以助劉光世軍在塘埏山知録兼管

都商稅務在丹陽館南

江口稅務在還京門外

都酒務

比較東務在道冲觀相對

比較西務在洗馬橋西

榷貨務都茶場在嘉定橋之北隸總所提領開禧以來

兩創外轄嘉定甲戌復歸總所今廢

丹陽縣

酒稅務在縣東四里一百步

呂城酒務在鎮內

金壇縣　缺

場

敘　缺

丹徒縣

造船場在江下

草場在常平倉東北

丹陽縣缺

金壇縣缺

嘉定鎮江志卷十二終

嘉定鎮江志卷十三

總目 缺

敘 缺

晉徐州刺史 兗州附

紀瞻本傳元帝爲安東將軍引爲軍諮祭酒石勒入寇加揚威將軍都督京口以南至蕪湖諸軍事

祖逖本傳避地淮泗達泗口元帝遂用爲徐州刺史

周顗本傳元帝初鎮江左顗刺荆州召爲揚威將軍兗州刺史時兗州寄居京口

蔡豹元帝紀太興二年秋七月徐龕寇東莞羊覽行征

虜將軍統徐州刺史蔡豹討之本傳豹避亂南渡元帝以爲徐州刺史初祖逖爲徐州豹爲司馬素易豹至逖爲豫州而豹爲徐州俱受征討之寄逖甚愧之

王邃明帝紀太甯二年六月召平北將軍徐州刺史王邃還衞京師邃無傳

庾亮明帝紀太甯二年十月以徐州刺史庾亮爲護軍將軍本傳無刺徐州之文

劉遐本傳爲兗州刺史以功遷散騎常侍監淮北軍事北軍中郎將徐州刺史假節成帝紀咸和元年徐州刺史劉遐卒

郗鑒成帝紀咸和元年劉遐卒以車騎將軍郗鑒領徐州刺史本傳載鑒治迹具攻守形勢

蔡謨通鑑咸康五年八月辛酉郗鑒薨卽以蔡謨爲征北將軍都督徐兖青三州諸軍事領徐州刺史假節本傳都督徐兖青三州揚州之晉陵豫州之沛郡諸軍事領徐州刺史謨治迹具攻守形勢先是郗鑒上部下有勳勞者一百八十人當酬其功未卒而鑒薨靳不復與謨上疏以爲鑒所上者皆積年勳校不可不報詔聽之

按成帝紀咸康五年止載太尉郗鑒薨不載謨爲都督領徐州刺史

何充本傳建元初自尚書令左將軍出爲驃騎將軍都督徐州揚州之晉陵諸軍事假節領徐州刺史鎮京口庾冰出鎮江州召充入爲都督揚豫徐州之瑯邪諸軍事揚州刺史

按康帝紀建元元年冬止載充爲中書監都督揚豫二州諸軍事揚州刺史不載充先領徐州攷羨傳亦云驃騎將軍何充鎮京口請羨爲參軍見得紀多疎略

桓溫康帝紀建元元年以瑯邪內史桓溫都督青徐兗三州諸軍事徐州刺史穆帝紀永和元年八月以輔國

將軍徐州刺史桓溫爲荆州刺史孝武紀甯康元年秋
七月大司馬揚州牧平北將軍徐兖二州刺史桓溫薨
褚裒本傳裒爲兖州刺史拜侍中衛將軍錄尚書事裒
固請歸藩改授都督徐兖青揚州之晉陵吳國諸軍事
衛將軍徐兖二州刺史假節鎮京口永和初復召裒將
以爲揚州錄尚書事又固辭歸藩進號征北大將軍開
府儀同三司及石季龍死裒上表請伐之卽日戒嚴直
指泗口朝議以裒事任貴重不宜深入裒重陳宜速發
以成聲勢于是除征討大都督徐兖青揚豫五州諸軍
事裒率衆三萬徑進彭城河朔士庶歸降者以千計裒

撫納之甚得其歡心魯郡有五百餘家亦見義請援裒遣督護徐龕領銳卒三千迎之龕違裒節度軍次代陂爲石遵將李菟所敗龕執節不撓被害死傷大半裒上疏自貶以征北大將軍行事求留鎮廣陵詔以方鎮任重不宜貶降使還鎮京口解征討都督裒以遠圖不就憂慨發疾及至京口聞哭聲甚衆裒問何哭之多左右曰代陂之役也裒益慚恨永和五年卒吏士哀慕之監書作伐陂

穆帝紀永和五年十二月持節都督徐兗二州諸軍事徐州刺史褚裒卒

荀羨穆帝紀永和五年十二月以建武將軍吳國內史

荀羨爲使持節監徐兖二州揚州之晉陵諸軍事假節殷浩以羨在事有能名故居以重任時年二十八中興方伯未有如羨之少者羨至鎮發二州兵戍淮陰屯田于東陽之石鼈

郗曇穆帝紀升平二年以散騎常侍郗曇爲北中郎將持節都督徐兖青冀幽五州諸軍事徐兖二州刺史本傳都督徐兖青幽揚州之晉陵諸軍事領徐兖二州刺史假節

范汪穆帝紀升平五年以鎮軍將軍范汪爲都督徐兖青冀幽五州諸軍事安北將軍徐兖二州刺史本傳徐

兗青冀四州揚州之晉陵諸軍事安北將軍徐兗二州刺史假節

庾希哀帝紀隆和元年以輔國將軍吳國內史庾希爲北中郎將徐兗二州刺史假節本傳太和中希爲徐兗刺史慕容厲圍梁父斷澗水太山太守諸葛攸奔鄒山魯高平等數郡皆沒希坐免官頃之召爲護軍將軍希怒固辭希初免時多盜北府軍資桓溫諷有司劾之復以罪免遂家于晉陵之曁陽

郗愔廢帝紀太和二年以會稽內史郗愔爲都督徐兗青幽四州諸軍事平北將軍徐州刺史本傳大司馬桓

温以愔與徐兖有故義乃遷愔都督徐兖青幽揚州之晉陵諸軍事領徐兖二州刺史假節雖居藩鎮非其好也子超傳愔在北府徐州人多勁悍温深不欲愔居之而愔暗于事機遣牋詣温欲共獎王室修復園陵超爲温參軍取視寸寸毁裂乃更作牋自陳老病甚不堪人閒乞閒地自養温得牋大喜即轉愔爲會稽太守

刁彝孝武帝紀甯康元年以吳國内史刁彝爲北中郎將徐兖二州刺史

王坦之孝武帝紀甯康二年以丹陽王坦之爲北中郎將徐兖二州刺史本傳都督徐兖青三州諸軍事北中

郎將徐兗二州刺史

桓沖孝武帝紀甯康三年以中軍將軍揚州刺史桓沖爲鎮北將軍徐州刺史鎮丹徒本傳沖授都督徐豫兗青揚五州之六郡軍事車騎將軍徐州刺史以北中郎府并中軍鎮京口假節時丹陽尹王蘊以后父之重昵于謝安安意欲出蘊爲方伯乃復解沖徐州以車騎將軍都督豫江二州之六郡軍事自京口遷鎮姑孰

王蘊孝武帝紀太元二年以尚書王蘊爲徐州刺史督江南晉陵諸軍本傳蘊固辭賜爵乃授都督京口諸軍事左將軍徐州刺史假節復固遜謝安謂蘊曰卿居后

父之重不應妄自菲薄以虧時遇宜依褚公故事暫臨此任于是受命鎮京口

謝元本傳自建武將軍兖州刺史進號冠軍加領徐州刺史符堅率兵次項城詔以元爲前鋒都督徐兖青三州揚州之晉陵幽州之燕國諸軍事拒之堅列陣臨淝水元以精鋭八千渡淝水南決戰堅衆奔潰加元都督徐兖青司冀幽并七州軍事遇疾上疏解職詔使還京口療疾殷仲堪傳冠軍謝元鎮京口

謝安孝武帝紀太元九年加太保謝安大都督揚江荆司豫徐兖青冀幽并梁益雍涼十五州諸軍事本傳時

疆敵寇境安鎮以和靖加侍中都督揚豫徐兗青五州幽州之燕國諸軍事假節元既破堅安欲混一文軌上疏求自北征乃進都督揚江荆司豫徐兗青冀幽并甯益雍梁十五州軍事

按唐李德裕遊北固詩曰自有此山川于今幾太守憶昔蔡與謝茲焉屢回首注云南朝蔡司空謝太傅并鎮此

瑯邪王道子孝武帝紀太元十年都督謝安薨以道子爲都督中外諸軍事本傳詔領揚州刺史錄尚書假節都督中外諸軍事數年領徐州刺史安帝踐阼始解徐

州

譙王恬本傳忠正有幹局孝武帝深仗之以為都督兗青冀幽并揚州之晉陵徐州之南北郡軍事

王恭孝武帝紀太元十五年以中書令王恭為都督青兗幽并冀五州諸軍事前將軍青兗二州刺史本傳孝武帝將擢時望以為藩屏乃以恭都督兗青冀幽并徐揚州晉陵諸軍事平北將軍兗青二州刺史假節鎮京口初都督以北為號者不祥故桓沖王坦之刁彝之徒不受鎮北之號恭表遜軍號以超受為辭而實惡其名于是改號為前將軍後起兵誅王國寶國寶既死又起

兵討王愉司馬尙之兄弟遂敗死恭在北府雖以簡惠爲政然自矜貴與下殊隔不閑用兵尤信佛道調役百姓修營佛寺務在壯麗士庶興嗟

謝琰本傳王恭舉兵假琰節都督前鋒軍事恭平遷衞將軍徐州刺史假節

劉牢之通鑑隆安二年九月王恭敗死以牢之爲都督兖青冀幽并徐揚州晉陵諸軍事以代恭本傳恭爲徐州刺史使牢之討破王廞以牢之領晉陵太守恭死遂代恭爲都督兖青冀幽并徐揚州晉陵諸軍事鎭京口孫恩攻陷會稽牢之遣將桓寶率師救三吳復遣子敬

宣爲寶後繼比至曲阿吳郡內史桓謙已棄城走牢之率衆東討拜表輒行擊賊屢勝殺傷甚衆率衆軍濟浙江恩懼逃于海恩死牢之威名轉振初王恭上表起兵恭夢牢之坐其處旦謂牢之曰事克卽以卿爲北府恭敗牢之果刺徐州

世子元顯通鑑隆安四年十一月詔劉牢之都督會稽等五郡率衆擊孫恩會稽世子元顯求領徐州詔以元顯爲開府儀同三司都督揚豫徐兖青幽冀并荆江司雍梁益交廣十六州諸軍事領徐州刺史

桓修安帝紀元興三年二月建武將軍劉裕帥沛國劉

毅東海何無忌等舉義兵斬桓元所除徐州刺史桓修于京口本傳桓元執政以修都督六州右將軍徐兖二州刺史假節劉裕義旗起斬之

劉裕安帝紀元興三年三月司徒王謐推劉裕行鎮軍將軍徐州刺史都督揚徐兖豫青冀幽并八州諸軍事假節

劉道憐宋高祖紀義熙八年以兖州刺史劉道憐鎮丹徒本傳義熙八年劉裕伐劉毅自彭城召道憐爲都督兖青二州晉陵京口淮南諸軍郡事兖青州刺史鎮京口十二年移荆州刺史北府文武悉配之道憐素無才

能言音甚楚舉止施爲多諸鄙拙劉裕雖遣將軍佐輔之而貪縱過甚積聚財貨嘗若不足去鎮之日府庫爲空虚劉裕平定三秦方思外略召道憐還爲侍中都督徐兖青三州揚州之晉陵諸軍事守尚書令徐兖二州刺史元熙元年解尚書令進位司空出鎮京口

劉義符宋高祖紀義熙十二年以劉裕世子義符爲徐兖二州刺史

晉晉陵太守

晉陵郡始末具地理類今所書太守乃晉懷帝永嘉五年以後安帝義熙九年以前晉陵治京

口丹徒之時而其年月在治毗陵時者此不條出

張闓本傳元帝爲晉王以佐翼勳賜爵丹陽縣侯遷侍中帝踐阼出補晉陵內史在郡甚有威惠帝詔曰夫二千石之任當勉勵其德綏其所莅使寬而不縱嚴而不苛其于勤功督察便國利人抑彊扶弱使無雜濫眞太守之任也闓遵而行之時所部四縣並以旱失田闓乃立曲阿新豐塘溉田八百餘頃後詔爲大司農詳見新豐塘

羊曼本傳元帝時爲晉陵太守

周懋渡江後爲晉陵太守見周扎傳

劉虓爲晉陵太守知名見劉琰傳

顧和本傳咸和中領晉陵太守

江灌領晉陵太守見江逌傳

王茂之官至晉陵太守見王廙傳

卞耽簡文帝紀咸安二年前護軍將軍庾希舉兵反自海陵入京口晉陵太守卞耽奔于曲阿

按庾希本傳希免徐州刺史召爲護軍將軍復以罪免與故青州刺史武沈之子遵聚衆于海濱略漁人船夜入京口城平北司馬卞耽踰城奔曲阿與曲阿人宏戎發諸縣兵二千并力屯新城以擊希希戰敗

閉城自守按帝紀稱晉陵太守卞眈希傳稱平北司馬意眈以徐州參佐行晉陵郡事也

王蘊本傳甯康三年爲晉陵太守有惠化百姓歌之以晉孝武王皇后傳參定

劉牢之隆安中王恭起兵京口牢之爲恭前軍司馬輔國將軍晉陵太守置佐領兵見宋書劉敬宣傳

殷仲堪本傳領晉陵太守居郡禁子產不舉久喪不葬錄父母以質叛亡者所下條教甚有義理

吳隱之本傳爲桓溫所知賞累遷晉陵太守在郡清儉妻自負薪

劉敬宣本傳元興三年拜輔國將軍晉陵太守

諸葛長民本傳義熙初持節督揚青二州諸軍事青州刺史領晉陵太守鎮丹徒何無忌爲徐道覆所害賊乘釁逼京師朝廷震駭長民率衆入衛京師

殷道叔安帝紀義熙三年劉裕誅之

謝景仁宋書本傳義熙初爲劉裕鎮軍司馬領晉陵太守

宋南徐州刺史附南兖

彭城王義康文帝紀元嘉元年衛將軍南徐州刺史義康進號驃騎將軍本傳永初三年遷使持節都督南徐

兗二州揚州之晉陵諸軍事南徐州刺史元嘉三年改荊州刺史六年召爲侍中都督揚南徐兗三州諸軍事司徒錄尚書事領平北將軍南徐州刺史二府並置佐領兵太子詹事劉湛有經國才義康昔在豫州湛爲長史既數經情款至是意委特隆人物雅裕舉動事宜莫不諮訪之故前後在藩多有善政爲遠近所稱

檀道濟文帝紀元嘉元年鎮北將軍南兗州刺史檀道濟進號征北將軍本傳高祖受命出監南徐兗之江北淮南諸郡軍鎮北將軍南兗州刺史文帝卽位進號時南兗州治京口

江夏王義恭文帝紀元嘉三年撫軍將軍南豫州刺史義恭爲南徐州刺史二十九年以驃騎將軍南兗州刺史義恭爲大將軍南徐州刺史錄尚書事如故孝武帝紀三十年以大將軍義恭爲太尉錄尚書六條事南徐州刺史本傳元嘉三年監南徐兗二州揚州晉陵諸軍事南徐州刺史進監爲都督未之任太祖征謝晦義恭還鎮京口義恭涉獵文義而驕奢不節既出鎮太祖與書誡之曰汝以弱冠便親方任天下艱難國家事重雖曰守成實亦未易隆替安危在吾曹耳言集來日無由復得動相規誨宜深自砥礪思而後行親禮國士友接

佳流識別賢愚鑒察邪正然後能盡君子之心收小人之力九年刺南兗州二十九年再自南兗改授大將軍都督揚南徐二州諸軍事南徐州刺史持節侍中錄尚書事太子太傅如故世祖即阼授使持節侍中都督揚南徐二州諸軍事大尉錄尚書六條事揚徐二州刺史

劉義欣元嘉三年以長沙景王道憐長子義欣以後將軍散騎常侍爲南兗州刺史見劉道憐傳後時南兗州尚治京口未治廣陵

衡陽王義季文帝紀元嘉九年以征虜將軍義季爲徐州刺史本傳遷使持節都督南徐州諸軍事右將軍南

徐州刺史

南譙王義宣文帝紀元嘉十六年以鎮南將軍江州刺史義宣爲征北將軍南徐州刺史本傳南徐州刺史都督南徐州諸軍征北將軍持節如故加散騎常侍

廣陵王誕文帝紀元嘉二十一年以南兖州刺史誕爲南徐州刺史時南兖州已治廣陵孝武帝紀孝建二年冬十月以驃騎大將軍揚州刺史竟陵王誕爲司空南徐州刺史本傳始封廣陵王二十一年爲南兖州刺史尋徙南徐州刺史二十六年改刺雍州入爲侍中封晉陵王孝建二年爲使持節都督南兖二州諸軍事太子

太傅南徐州刺史侍中如故上以京口去都密邇猶疑
之出爲兖州刺史通鑑大明元年八月徙誕爲南兖州
誕誅元凶劭丞相義宣有大功多聚才力之士蓄精甲
利兵上由是畏忌之不欲誕居中使出鎮京口猶嫌其
逼更徙廣陵
廬陵王紹文帝紀元嘉二十六年秋七月以江州刺史
紹爲南徐州刺史本傳授左將軍南徐州刺史
始興王濬文帝紀元嘉二十六年冬十月以中軍將軍
揚州刺史濬爲征北將軍開府儀同三司南徐兖二州
刺史初出鎮京口聽將揚州文武二千人自隨優游外

藩甚爲得意
豫章王子尚本傳孝建三年都督南徐兖二州諸軍事
前廢帝卽位都督揚南徐二州諸軍事
劉延孫孝武帝紀大明元年八月甲辰以太子詹事劉
延孫爲鎭軍將軍南徐州刺史本傳上畏忌南兖州刺
史竟陵王誕故以南徐授延孫據京口以防之三年誕
有罪不受召延孫馳遣中兵參軍杜幼文率兵赴討旣
至誕已閉城自守乃還誕遣使劉公泰齎書要之延孫
斬公泰送首京邑復遣幼文率軍渡江受沈慶之節度
討誕其年進號車騎將軍加散騎常侍

新安王子鸞孝武帝紀大明五年冬十月以東中郎將子鸞爲南徐州刺史本傳遷北中郎將南徐州刺史領南瑯邪太守子鸞愛冠諸子凡爲上所眄遇者莫不入子鸞之府國及爲南徐州又割吳郡以屬之六年加都督南徐州諸軍事

王元謨通鑑大明八年戴法興等惡王元謨剛嚴八月丁卯以元謨爲南徐州刺史

永嘉王子仁前廢帝紀永光元年九月庚子以南兗州刺史子仁爲南徐州刺史

桂陽王休範明帝紀永光元年十二月癸亥以崇憲衛

尉休範爲鎮北將軍南徐州刺史泰始七年六月丁酉
以征南大將軍江州刺史休範爲驃騎大將軍南徐州
刺史又本傳太宗定亂以爲使持節都督南徐徐南兗
兗四州諸軍事鎮北將軍南徐州刺史時薛安都據彭
城叛遣從子索兒南侵休範進據廣陵督北討諸軍事
加南兗州刺史進征北大將軍加散騎常侍還京口解
兗州後召爲揚州刺史江州刺史開府儀同三司未拜
改授都督南徐徐南兗兗青冀六州諸軍事驃騎大將
軍南徐州刺史
晉平王休祐明帝紀泰始五年閏十一月戊子驃騎大

將軍荆州刺史休祐本號爲南徐州刺史本傳六年召
爲都督南徐南兖徐兖青冀六州諸軍事南徐州刺史
加侍中持節將軍如故上以休祐貪虐不可莅民留之
京邑遣上佐行府州事
巴陵王休若明帝紀泰始七年春正月戊午以征西大
將軍荆州刺史休若爲征北大將軍南徐州刺史本傳
都督南徐南兖徐兖青冀六州諸軍事征北大將軍南
徐州刺史
劉秉明帝紀泰始七年秋七月辛未以太子詹事劉秉
爲南徐州刺史本傳泰始五年遷使持節都督南徐徐

兖豫青冀六州諸軍事後將軍南徐州刺史

建平王景素後廢帝紀泰豫元年閏七月甲辰以太常景素爲鎮軍將軍南徐州刺史本傳泰始六年自荆州刺史召爲太常未拜授使持節都督南徐南兖徐兖青冀六州諸軍事鎮軍將軍南徐州刺史時太祖諸子唯景素爲長好文章書籍招集才義之士傾身禮接以收名譽由是朝野翕然莫不屬意焉元徽三年景素防閤將軍王季符失景素旨怨恨因單騎奔京邑告景素欲反景素馳遣世子延齡還都具自申理季符徙梁州景素奪征北將軍開府儀同三司景素因此稍爲自防之

計因羽林監垣祗祖率數百人奔景素云京邑潰亂景素信之舉兵負戈至者數千人齊王蕭道成遣臺軍薄城池景素本乏威略不知所爲兵敗誅死時年二十五卽葬京口齊建元初故景素秀才劉璡上書訟景素之寃云王博聞而容衆與諫而愛士徐州嘗歲飢王散秩粟俸帛以繼民之乏蠲理寃疑咸息繇務有愛于民內去聲酣之娛外無田弋之好諠譁幻惑皆出輦轂非從徐州起且臺以六月晦夜呼北兵已至而朱方七月朔猶緩帶從容王豈先造禍哉起兵之日止在扶救昏難放殛奸盜非他故也王何負于社稷何愧于天下哉

橫山草堂叢書

武陵王贊後廢帝紀元徽四年爲南徐州刺史本傳爲使持節南徐兖青冀五州諸軍事北中郎將南徐州刺史

齊王蕭道成順帝紀昇明元年五月丙午以司空南兖州刺史蕭道成改領南徐州刺史

晉熙王燮昇明元年召鎮西將軍郢州刺史燮爲持節都督揚南徐二州諸軍事蕭道成爲南徐州燮解督南徐見宋晉熙王昶傳末

齊南徐州刺史

臨川獻王蕭映本傳沈攸之事難齊太祖時領南徐州

以映爲甯朔將軍鎮京口太祖踐阼授散騎常侍都督揚南徐二州諸軍事

蕭晃高帝紀建元元年以西中郎將蕭晃爲南徐州刺史武帝紀永明元年以護軍將軍長沙王晃爲南徐州刺史本傳自豫州刺史遷使持節都督南徐兗二州諸軍事後將軍南徐州刺史入爲侍中中軍將軍永明元年遷南徐州刺史竟陵王子良爲南兗州再以晃爲使持節都督南徐兗二州諸軍事鎮軍將軍南徐州刺史晃愛武飾罷南徐州還私載數百人仗還都爲禁司所覺投之江水世祖禁諸王藏私仗聞之大怒將糾以法

豫章王嶷稽首流涕上亦意解
豫章王嶷本傳建元元年遷侍中尚書令都督揚南徐二州諸軍事後刺荆湘二州再入爲都督揚南徐二州諸軍事
南郡王長懋高帝紀建元四年以中軍將軍長懋爲南徐州刺史本傳遷使持節都督南徐兖二州諸軍事征北將軍南徐州刺史
聞喜公子良武帝紀建元四年五月乙丑以丹陽尹子良爲南徐州刺史本傳先封聞喜公爲丹陽尹世祖卽位封竟陵郡王爲使持節都督南徐兖二州諸軍事鎮

北將軍南徐州刺史後刺南兖州揚州隆昌元年進督南徐州

桂陽王鑠武帝紀永明二年冬十月爲南徐州刺史

安成王暠武帝紀永明六年以祠部尚書暠爲南徐州刺史本傳領驍騎將軍南徐州刺史

江夏王鋒武帝紀永明九年春正月以侍中爲南徐州刺史本傳爲南徐州刺史善與人交行事王文和別駕江祏等皆相友善後文和被召爲益州置酒告別文和流涙曰下官少來未嘗作詩今日違戀不覺文生于性王儉聞之曰江夏可謂善變素絲也

永嘉王昭粲鬱林王紀隆昌元年春正月爲南徐州刺史

海陵王昭文隆昌元年爲使持節都督揚南徐二州諸軍事海陵王紀

河東王鉉延興元年八月以驍騎將軍鉉爲南徐州刺史海陵王紀

蕭鸞明帝紀延興元年以中書監開府儀同三司鸞爲使持節都督揚南徐州諸軍事

始安王遙光本傳建武元年爲持節都督揚南徐二州諸軍事晉安王寶義爲南徐州遙光求解督見許

蕭諶明帝紀建武元年冬十月以中領軍諶爲領軍將軍左將軍南徐州刺史以本傳參定

晉安王寶義明帝紀建武二年秋七月辛未以右將軍寶義爲南徐州刺史本傳建武元年爲持節都督揚南徐二州軍事轉右將軍二年出爲使持節都督南徐州軍事鎭北將軍南徐州刺史東昏即位進征北大將軍永元元年再都督揚南徐二州軍事

邵陵王寶攸本傳永元元年爲北中郎將持節都督南北徐等五州軍事

江夏王寶元東昏侯紀永元元年八月以征北大將軍

寶元爲南徐兗二州刺史本傳代晉安王寶義爲使持節都督南徐兗二州軍事南徐兗二州刺史

晉熙王寶嵩東昏侯紀永元二年四月爲南徐州刺史本傳持節都督南徐兗二州軍事南徐州刺史冠軍將軍如故

鄱陽王寶夤本傳永元三年爲使持節都督南徐兗二州軍事衞將軍南徐州刺史

蕭衍梁武帝紀中興元年十二月授中書監都督揚南徐二州諸軍事

蕭秀齊和帝紀中興二年以冠軍長史秀爲南徐州刺

史梁武帝紀左僧慶率衆降乃遣弟輔國將軍秀鎮京口安成王秀本傳爲輔國將軍建康平爲使持節都督南徐兗二州諸軍事南徐州刺史天監元年封安成郡王邑二千戶京口自崔慧景作亂累被兵革民戶流散秀招懷撫納惠愛盛行仍值年飢以私財贍百姓所濟活甚多

梁南徐州刺史

臨川王宏本傳天監元年爲使持節散騎常侍都督揚南徐州諸軍事天監八年普通元年又兩爲揚南徐都督

鄱陽王恢武帝紀天監二年以前將軍恢爲南徐州刺史本傳爲使持節都督南徐州諸軍事征虜將軍南徐州刺史

建安王偉武帝紀天監四年正月以鎮北將軍雍州刺史偉爲南徐州刺史本傳爲使持節都督南徐州諸軍事南徐州刺史五年改撫軍將軍丹陽尹六年再都督揚南徐二州諸軍事

豫章王綜武帝紀天監五年爲南徐州刺史本傳爲使持節都督南徐州諸軍事仁威將軍南徐州刺史尋進號北中郎將遷郢州刺史十六年復爲北中郎將南徐

州刺史

南康王績武帝紀天監十年正月以輕車將軍績爲南徐州刺史本傳遷使持節都督南徐州諸軍事南徐州刺史進號仁威將軍績時年七歲主者有受貨洗改解書長史王僧孺弗之覺績見而輒詰之便卽時首服衆咸歎其警

晉安王綱普通元年以益州刺史綱改授雲麾將軍南徐州刺史以梁武帝簡文帝二紀參定

廬陵王續武帝紀普通六年二月庚辰南徐州刺史續還朝稟承戎略本傳普通三年爲使持節都督南徐等

四州諸軍事西中郎將南徐州刺史

華容公歡武帝紀中大通三年六月立昭明太子子南徐州刺史華容公歡爲豫章郡王歡無傳

武陵王紀本紀中大通大同閒自江州刺史爲使持節宣惠將軍都督揚南徐二州諸軍

河東王譽武帝紀大同三年以南瑯邪彭城二郡太守譽爲南徐州刺史

臨川王正義武帝紀大同十年三月仁威將軍南徐州刺史正義進號安東將軍本傳爲南徐州刺史屬武帝幸朱方修廨宇以待輿駕

按本傳不載正義授南徐州刺史月日

邵陵王綸武帝紀中大同元年以東揚州刺史丹陽尹綸爲鎮東將軍南徐州刺史本傳太淸二年進位中衞將軍開府儀同三司侯景構逆加征討大都督率衆討景將發高祖誡曰侯景頗習行陣未可一戰卽殄當以歲月圖之綸次鍾離景已渡采石綸乃晝夜兼道入赴率甯遠將軍西豐公大春新塗公大成等步騎三萬發自京口將軍趙伯超曰若從黃城大道必與賊遇不如逕路直指鍾山出其不意綸從之衆軍奄至賊徒大駭分爲三道攻綸綸與戰大破之斬首千餘級

蕭藻武帝紀太清二年以中衞將軍開府儀同三司蕭藻爲征東將軍南徐州刺史本傳自中書令侍中出爲使持節都督南徐州刺史侯景亂藻遣長子彧率兵入援及城開加散騎常侍大將軍景遣其儀同蕭邕代之據京口藻因感氣疾不自療或勸奔江北藻曰吾國之臺鉉位任特隆既不能誅翦逆賊正當同死朝廷安能投身異類欲保餘生因不食累日薨

新興王大莊簡文帝紀太清三年秋七月爲南徐州刺史本傳爲使持節都督南徐州諸軍事宣毅將軍南徐州刺史

南海郡王大臨本傳大寶元年爲使持節都督揚南徐二州諸軍事

陳霸先大寶三年授使持節散騎常侍都督南徐州諸軍事征北大將軍開府儀同三司南徐州刺史紹泰元年授侍中大都督中外諸軍事車騎將軍揚南徐二州刺史二年六月霸先表解南徐州以授侯安都陳高祖紀

徐嗣徽通鑑承聖元年侯景敗至京口胡豆洲爲羊鵾所殺南徐州刺史徐嗣徽斬景僞尙書右僕射索超世以鹽內景腹中送其尸于建康

陳南徐州刺史

侯安都世祖紀天嘉三年以征北將軍司空南徐州刺史侯安都爲侍中征北大將軍本傳梁紹泰元年以功授使持節散騎常侍都督南徐州諸軍事仁威將軍南徐州刺史世祖卽位遷司空仍爲都督南徐州諸軍事征北將軍南徐州刺史王琳下至柵口大軍出頓蕪湖時侯瑱爲大都督指麾經略多出安都及琳敗走入齊安都進軍湓城討琳餘黨所向皆下進爵清遠郡公威名甚重改封桂陽郡公留異擁據東陽又奉詔東討異奔敗安都振旅而歸以功加侍中征北大將軍還本鎭吏民詣闕表請立碑頌美安都功績紹許之自王琳平

後安都勳庸轉大又自以功安社稷漸用驕矜數招聚文武之士或射馭馳騁或命以詩賦第其高下以差次賞賜之齋內賓客動至千人部下將帥多不遵法度改除江州刺史

陳擬本傳永定二年以輕車將軍兼南徐州刺史

徐度世祖紀永定三年秋七月以左光祿大夫鎮北將軍南徐州刺史徐度爲侍中中撫軍將軍開府儀同三司本傳始自信威將軍郢州刺史遷鎮右將軍領軍將軍徐州緣江諸軍事鎮北將軍南徐州刺史

留異世祖紀永定三年八月以平北將軍南徐州刺史

留異爲安南將軍縉州刺史本傳召爲使持節都督南徐州諸軍事平北將軍南徐州刺史異遷延不就世祖即位改刺縉州

安成王頊宣帝紀天嘉三年授使持節都督揚南徐等五州諸軍事

周寶安本傳天嘉四年自衞尉卿授持節都督南徐州諸軍事正毅將軍南徐州刺史

黄法𣰰廢帝紀光大元年以開府儀同三司黄法𣰰爲鎮北將軍南徐州刺史本傳天嘉二年以功多召爲使持節散騎常侍都督南徐州諸軍事鎮北大將軍南徐

州刺史未拜改授鎮南大將軍江州刺史六年召爲中衞大將軍光大元年出爲使持節都督南徐州諸軍事鎮北將軍南徐州刺史

鄱陽王伯山世祖紀天嘉六年以東中郎將吳郡太守伯山爲平北將軍南徐州刺史廢帝紀天康元年五月南徐州刺史伯山進號鎮北將軍宣帝紀太建六年以中衞將軍揚州刺史伯山爲鎮北將軍南徐州刺史本傳天嘉六年爲緣江都督平北將軍南徐州刺史天康元年進號征北將軍高宗輔政不欲令伯山處邊光大元年徙爲鎮東將軍東揚州刺史太建元年召爲中衞

將軍中領軍六年又爲征北將軍南徐州刺史
淳于量廢帝紀光大二年十一月以中軍大將軍開府
儀同三司淳于量爲鎮北將軍南徐州刺史本傳爲使
持節都督南徐州諸軍事鎮北將軍南徐州刺史太建
元年進號征北大將軍
豫章王叔英宣帝紀太建五年正月以宣惠將軍叔英
爲南徐州刺史進號平北將軍
新安王伯固宣帝紀太建七年冬十月戊午以安前將
軍中領軍伯固爲南徐州刺史進號鎮北將軍本傳廢
帝立爲使持節都督南瑯邪彭城東海三郡諸軍事尋

遷安前將軍鎮北將軍南徐州刺史伯固性嗜酒而不好積聚所得祿俸用度無節于諸王之中最爲貧窶高宗每矜之特加賞賜在州不知政事日出田獵高宗知之遣使責問十年入朝十三年爲使持節都督揚南徐等四州諸軍事

廬陵王伯仁宣帝紀太建十年正月以中領軍伯仁爲平北將軍南徐州刺史

河東王叔獻宣帝紀太建十二年十二月宣毅將軍南徐州刺史叔獻卒本傳七年授宣毅將軍尋爲散騎常侍軍師將軍都督南徐州諸軍事南徐州刺史

宜都王叔明宣帝紀太建十三年以輕車將軍衛尉卿叔明爲南徐州刺史本傳爲使持節雲麾將軍南徐州刺史

蕭摩訶後主紀太建十四年以右衛將軍蕭摩訶爲車騎將軍南徐州刺史本傳會隋總管賀若弼鎮廣陵後主委摩訶備禦之任授南徐州刺史

永嘉王彥正後主紀禎明二年五月忠武將軍南徐州刺史彥正進號安北將軍本傳爲忠武將軍南徐州刺史進號安南將軍

南海王虔後主紀禎明二年十一月以軍師將軍虔爲

安北將軍南徐州刺史本傳爲平北將軍南徐州刺史

黄格爲南徐州刺史隋賀若弼濟江襲陳格見執弼傳

杜洪泰爲南徐州刺史唐宰相世系表

按洪泰之子名驅後周時爲雍州刺史安平公而南徐州刺史疑在陳時故附見

宋齊梁行南徐州事

宋江智淵本傳大明間新安王子鸞刺南徐智淵自尚書郎出爲子鸞北中郎長史南東海太守加拜甯朔將軍行南徐州事

顧琛本傳大明六年爲子鸞北中郎司馬領南東海太

守行南徐州事
王僧虔齊書本傳遷散騎常侍爲子鸞北中郎長史領南東海太守行南徐州事
蕭道成齊書本傳桂陽王休範刺南徐道成以鎮北司馬領南東海太守行南徐州事以齊高帝紀桂陽王傳參定
李安民齊書本傳建平王景素作難使安民防之安民至京破景素軍于葛橋景素誅留安民行南徐州事城局參軍王迴素爲安民所親盜絹二疋安民流涕謂之曰我與卿契闊備嘗今日犯王法此乃卿負我也于軍門斬之厚爲斂祭軍府皆震服

江槩元徽末武陵王贊刺南徐槩自吏郎侍中爲長史領南東海太守行南徐州事江智淵傳

劉善明齊書蕭道成以驃騎大將軍刺南徐善明以冠軍將軍驃騎諮議領南東海太守行徐州事沈攸之反善明獻計事平道成召善明還都謂之曰卿策沈攸之雖復張良陳平適如此耳

齊江斆本傳永明六年出爲輔國將軍南東海太守加秩中二千石行南徐州事

王文和江夏王鋒刺南徐文和行南徐州事與鋒友善

袁彖本傳監吳興郡先嘗以微言忤世祖免官付東冶

世祖遊陵望東冶明日釋之尋白衣行南徐州事
張瓌本傳永明十一年爲後將軍南東海太守秩中二千石行南徐州府州事
蕭頴胄本傳隆昌元年永嘉王昭粲爲南徐州以頴胄爲南東海太守行南徐州事
蕭遥光本傳隆昌元年以冠軍將軍領南東海太守行南徐州事
江祀晉安王寶義以鎮北將軍刺南徐祀爲鎮北長史領南東海太守行府州事更營立宣尼廟見江祏傳
陸慧曉本傳爲晉安王征北長史領南東海太守行府

州事
劉繪本傳爲晉安王征北長史領南東海太守行南徐州事
謝朓本傳建武四年以鎮北諮議領南東海太守行南徐州事啟王敬則反謀上甚善賞之遷尚書吏部郎朓上表三遜
胡諧之行南徐州事時江革舉爲南徐州秀才中書郎王融與諧之書令薦革諧之方貢琅邪王汎便以革代之梁江革傳
范岫梁書本傳永元末爲晉安王長史行南徐州事

蕭琛梁書本傳晉熙王寶嵩刺南徐琛爲長史行南徐州事

梁蕭恭以監丹陽尹行南徐州事（見蕭偉傳）

謝覽本傳以仁威長史行南徐州事

劉孝綽本傳高祖覽其文篇篇嗟賞尋敕知青北徐南徐三州事

王泰本傳南康王績刺南徐泰爲仁威長史領南蘭陵太守行南康王府州國事

王僧孺本傳自尚書吏部郎出爲南康王長史領蘭陵太守行府國事王典籤湯道愍暱于王用事府内僧孺

每裁抑之道慇遂謗訟僧孺逮詣南司奉牋辭府僧孺坐免

王份本傳豫章王綜以北中郎將刺南徐份爲北中郎長史領蘭陵太守行南徐州事

張纘本傳華容公歡以北中郎將刺南徐纘爲北中郎長史領南蘭陵太守加正威將軍行府州事

孔休源本傳簡文帝爲晉安王刺南徐休源以長史爲南蘭陵太守別敕專行南徐州事休源累佐名藩甚得民譽王深相倚仗軍民機務動止諮謀常于中齋別施一榻云此是孔長史坐人莫得預其見敬如此

宋齊南東海太守

宋庾登之本傳自司徒左長史爲南東海太守府公彭城王義康專覽政事不欲自下厝懷而登之性剛每陳已意義康甚不悅

羊元保本傳衡陽王義季刺南徐元保自尚書吏部郎御史中丞爲右軍長史南東海太守

江湛本傳遷尚書吏部郎元嘉中廣陵王誕刺南徐湛爲長史南東海太守政事委之

袁淑本傳元嘉二十六年始興王濬以征北將軍刺南徐淑自尚書吏部郎出爲征北長史南東海太守始到

府濬引見謂曰不意舅遂垂屈佐淑荅曰朝廷遣下官
本以光公府望還爲御史中丞
何偃本傳元嘉二十九年始興王濬刺南徐偃爲征北
長史南東海太守
武昌王渾本傳世祖卽位授征虜將軍南彭城東海二
郡太守出鎮京口
劉彧明帝紀孝建元年爲南東海太守冠軍將軍如故
鎮京口
沈曇慶本傳世祖踐阼江夏王義恭刺南徐曇慶爲大
司馬長史南東海太守

庾徽之自御史中丞出爲新安王子鸞北中郎長史領南東海太守傳孔顗

江智淵

王僧虔

顧琛並詳見南徐州行事

宗越本傳景和初加冠軍將軍領南東海太守

蕭惠開本傳思話之子桂陽王休範刺南徐惠開爲征北長史南東海太守會稽太守蔡興宗之郡惠開自京口請假還都相逢于曲阿

蕭道成詳見行事

袁粲本傳泰始元年轉冠軍將軍南東海太守

沈文季晉平王休祐以驃騎大將軍爲南徐州明帝問褚淵須幹事人爲上佐淵舉文季轉甯朔將軍驃騎長史領南東海太守以宋明帝紀休祐傳齊書本傳參定

陸澄建平王景素鎮京口澄領南東海太守丁艱景素用司馬柳世隆行郡事澄在任日郡丞江淹曾與之集焦山有詩云杳杳長役思思來使情濃常忌光氛度籍蕙望春紅青波被海月朱華冒水松輕氣曖長岳雄虹赫遠峰日暮巃嵸谷參差綵雲重汞巓白沙渚遊衍遂相從丹山有琴瑟不爲憂傷容題言陸東海焦山集以齊

書本傳梁江淹傳及潤州類集參定

柳世隆本傳建平王鎮京口世隆爲司馬領南東海大守以梁江淹傳參定

王續齊書本傳元徽末除甯朔將軍建平王鎮北長史領南東海太守

江槩詳見行事

謝朏梁書本傳蕭道成以太尉督南徐朏爲長史帶南東海太守以齊高祖紀參定

劉善明詳見行事

齊王元邈本傳長沙王晃以後將軍刺南徐元邈爲後

軍司馬領南東海太守以晃傳參定

蕭赤斧本傳豫章王嶷以驃騎大將軍刺南徐赤斧爲驃騎司馬領南東海太守以嶷傳參定

王廣之本傳長沙王以鎮軍將軍刺南徐廣之爲鎮軍司馬領南東海太守以晃傳參定

江謐本傳竟陵王子良以鎮北將軍刺南徐謐爲鎮北長史領南東海太守以子良傳參定

虞悰本傳爲竟陵王鎮北長史領南東海太守

江斅

張瓌

蕭穎胄

蕭遙光

江祀

謝脁

陸慧曉

劉繪並詳見行事

蕭秀梁本傳晉熙王寶嵩以冠軍將軍刺南徐鎮京口秀爲冠軍長史領南東海太守

宋齊梁陳南蘭陵太守

宋劉彧明帝紀世祖踐阼遷冠軍將軍南蘭陵太守

齊蕭諶本傳永明二年爲南蘭陵太守

巴陵王子倫本傳永明十年遷南彭城太守鬱林即位更爲南蘭陵太守

梁王泰

王僧孺

王份

孔休源並詳見行事

謝證本傳豫章王綜刺南徐證以長史領南蘭陵太守

褚球本傳普通四年廬陵王續刺南徐球自御史中丞爲北中郎長史領南蘭陵太守大同閒河東王譽刺南

徐球又爲河東王長史領南蘭陵太守以武帝紀廬陵王續傳參定

張纘詳見行事

張綰本傳出爲北中郎長史蘭陵太守

徐度陳本傳霸先鎮朱方度爲信武將軍蘭陵太守

侯安都陳本傳霸先鎮京口安都徐蘭陵太守霸先謀襲王僧辯諸將莫有知者唯與安都定計使安都率水軍自京口趨石頭

程靈洗陳本傳紹泰元年授使持節信武將軍蘭陵太守散騎常侍如故助防京口

周文育陳本傳侯景平授通直散騎常侍累遷南蘭陵

太守
蕭濟陳本傳歷蘭陵太守著聲績
嘉定鎮江志卷十三終

嘉定鎮江志卷十四

總目缺

唐潤州刺守

按隋開皇罷鎮置州大業復廢州爲縣故隋建潤州僅十餘載刺史弗詳唐初劉元進沈法興等互據其地至武德七年以後方再爲州新舊唐史諸傳漫不可考以宰相世系表與本州馬跡山魏法師碑考之僅得七八人自盧承慶李思文竇孝諶方見於傳而張公休王美暢又皆脱略自畢隆擇以後韋銑李濬兼按察使傳始

明載然陸象先唐若山劉日正徐嶠韋昭理董琬又逸而無傳武德至開元末計一百二十六年僅得二十三人則刺守姓名泯沒必多姑次序其可考者始薛寶積次李元義李厚德盧承慶喬師望盧明來敬業李思文張公休竇孝諶盧徽遠王美暢畢隆擇韋銑李濬陸象先唐若山王琚劉日正徐嶠韋昭理齊澣董琬條列如左

薛寶積唐宰相世系表終潤州刺史

按寶積從祖名道衡終隋益州總管祖名道實終隋

禮部侍郎父名德儒終隋濟北司馬寶積刺潤雖不詳其年月考其時當在武德七年以後或貞觀初葢祖父仕隋則去隋未遠

李元義宰相世系表終潤州刺史

按元義父名行師行師兄名大師大師子名延壽仕貞觀中撰南北史實元義從兄元義刺潤以其時考之當在薛寶積後

李厚德歷潤州刺史本府馬跡山魏法師石碑修入

盧承慶歷潤州刺史以新舊唐書本傳及魏法師石碑參定

按新舊唐書本傳顯慶四年以度支尚書同中書門

下三品坐調非法免俄拜潤州刺史遷雍州長史總章二年代李乾祐爲刑部尙書計其刺潤當在顯慶龍朔間

喬師望歷潤州刺史

按魏法師石碑銘有厚德承慶師望三人惟承慶見於唐傳李喬無聞以承慶傳考之係高宗時則李喬實相爲先後葢魏法師碑乃儀鳳二年立

盧明宰相世系表歷潤靑等州刺史

按明在承慶姪行姑次於承慶師望之後

來敬業宰相世系表歷潤州刺史諸本皆作潤州惟監本作虔州恐監本錯

蓋監本錯處亦多

按敬業來濟之子濟以永徽二年相高宗龍朔二年卒則敬業刺潤意在高宗末年

李思文徐勣之弟敬業之叔歷潤州刺史文明元年敬業兵起思文以使間道聞敬業攻潤固守踰月力屈城陷敬業謂曰盧陵王繼天下無罪見廢今兵以義動何過拒耶若黨於武氏宜改姓武囚於獄中及敬業敗楊楚平乃獨免遂賜武姓歷春官尚書或言思文本與敬業謀者乃復徐氏以新唐書本傳及通鑑參定

按思文雖無刺潤年月然文明元年敬業兵起思文

已刺潤必是高宗末年

張公休歷潤州刺史自潤州遷豫章太守獨孤及集送宇文協律赴江西序

按序文首云復周正之年天子以潤州刺史張公休爲豫章太守武后紀天授元年改元載初以十一月爲正月則序文云復周正之年是載初分明但此年已遷豫章則公休刺潤在文明之後載初之前矣

竇孝諶舊唐書本傳昭成順聖皇后之父則天時歷潤州刺史

按長壽二年后母龐氏被酷吏陷誣與后呪詛不道

孝諶左遷羅州司馬其刺潤當在載初長壽間

盧徽遠宰相世系表歷潤州刺史

按表徽遠是承慶姪孫度刺潤在則天時

王美暢歷潤州刺史本府漢荆王神祠記建於先天二年具荆王廟

竊詳上下文意美暢刺潤左驍衛大將軍薛訥實爲本州司馬以新舊唐書訥傳參之其爲左驍衛在睿宗朝與神祠記合其爲藍田令乃來俊臣用事時則訥爲司馬傳雖不載必在藍田令之前後美暢既與薛司馬同時其刺潤在則天時甚明

畢隆擇神龍初爲中書舍人五王之創武氏岑羲爲表語甚激切隆擇次當讀表辭色明厲三思旣得志出隆擇爲潤州刺史政有惠愛徙衛同陝三州刺史以新唐書本傳及通鑑參定

韋銑舊唐書文粹作韋銑新唐書作韋詵以漢荊王神廟碑石刻爲證當作銑字新唐書誤也景雲中爲潤州刺史兼按察使有女擇所宜歸會休日登樓見參軍裴寬不以苞苴汙家銑嗟異引爲按察判官以女妻之至先天開元中銑猶爲刺史以新舊唐書裴寬傳及唐文粹李華鶴林寺徑山大師碑銘序漢荊王神廟碑參定

按荊王神廟碑稱先天二年三月功畢今刺史韋銑

手薦脯醢唐李華徑山大師碑銘稱開元中本寺僧法密請至京口潤州刺史韋銑灑掃鶴林茲焉供養則知韋銑自景雲至開元猶爲刺史而舊唐紀載景雲二年初置十道按察使所以舊唐傳稱刺史韋銑爲按察新唐傳亦載銑引寬爲按察判官也

李濬舊唐書本傳開元初置諸道按察使盛選能吏授濬潤州刺史江南道按察使以誠信待物稱爲良吏去職有遺愛州人孫處元以學行著名濬特加禮異累表薦之仍令子麟與之結交濬尋拜虢潞二州刺史以新舊唐書李麟傳參定

按通典及新唐書地理志百官志貞觀元年因山川形便分爲十道其八曰江南景雲二年置十道按察使開元二年曰十道按察採訪處置使故自韋銑至李濬皆以潤州刺史兼按察是時江南道猶未分東西至開元二十一年始因十道分山南江南爲東西道增置黔中道置十五採訪使而舊書于李濬傳則云開元初授濬江東按察使於李麟傳亦云父濬開元初爲江南東道按察使然開元二年尚爲十道安得預分江南爲東道也疑舊唐書一字之誤也今只以江南道按察使書

陸象先本傳所至民吏懷之曾旼類集引李德裕晚下北固山喜徑松成陰悵然懷古偶題臨江亭詩云近世二千石畢公宣化厚丞相量納川平陽氣衝斗三賢若時雨所至躋仁壽注云丞相謂陸兗公畢公謂畢公隆擇平陽謂齊詹事澣三賢皆歷此郡

今考新舊唐書陸象先傳並不言守潤然李衛公詩意慨慕皆屬爲守者故末章言志凜凜君子風余將千載友則象先刺潤前志云史略之信然

唐若山先天中歷官尚書郎連典劇郡開元中出爲潤州頗有惠政遠近稱之太平廣記神仙門

按太平廣記載若山刺潤好方術鑪鼎侵用府庫官錢市藥遂有所遇與賓僚同遊金山自中流隱去有遺表留郡中几案間元宗省表異之命優䘏其家又召其弟若水與內臣賫詔江表海濱尋訪杳無音塵其後二十年有若山舊吏自浙西奉使淮南於魚市中見若山鬻于魚肆睨其吏而延之入陋巷中華第哀其久貧化鐵爲金盡以遺之末又厚誣李紳遇若山於華山其誕幻不經直可以欺愚者然竊歎開元盛時刺史中有贓吏如此不惟佚罰遁逃苟免而天子亦受其欺則開元之盛不待至天寶而已衰矣夫

使贓吏假神仙之名以逭逃當時僚吏揖別于中流二十年後舊吏遇之于魚市其存其歿固不可得而考然朝廷無政賞罰無章識者觀之可爲浩歎欲欺後世難矣哉

王琚新舊唐書本傳開元中歷澤衡郴滑虢沔夔許八州刺史遷潤州刺史開元二十年丁母憂琚性豪侈著勳中朝其處方面去故就新受饋運至數百萬每移一州車馬塡路數里不絶

劉日正潤州刺史領江東採訪使

徐嶠潤州刺史領採訪使

韋昭理潤州刺史

按三人並見文粹李華徑山大師碑銘序考通典唐志置江東採訪使之年月則劉日正徐嶠之刺潤當在開元二十一二年間韋昭理雖不帶採訪使然李華列於徐嶠之次必是隨其年月先後今因之

齊澣新舊唐書本傳開元二十五年自常州刺史遷潤州刺史充江東採訪處置使奏請穿伊婁河（具地理類）

董琬爲江東採訪使嘗居此州（太平廣記）

按新舊唐書地理志載開元置採訪使於江東道則云理蘇州本朝輿地廣記亦祖之云治蘇州然考齊

澥傳及李華徑山大師碑銘劉日正徐嶠皆以潤州
刺史領採訪使又載劉同昇以常州刺史領採訪使
舊唐紀至德二載又載以黃門侍郎崔渙爲餘杭太
守江東採訪防禦使則是江東採訪使不獨理蘇州
或治常或治潤或治杭本無定所太平廣記載潤州
萬歲樓事謂開元以前以潤州爲凶闕董琬爲江東
採訪使嘗居此州故以董琬次齊澥
按新唐書百官志上州刺史注天寶元年改刺
史曰太守今考韓文獨孤及集新舊唐書得六
人曰王景肅嚴損之林洋閻敬之劉彙季廣琛

惟王景肅嚴損之未詳其先後林洋閻敬之在天寶末劉彙季廣琛在至德間內劉彙實兼江東防禦使條列如左

王景肅仲舒之祖歷丹陽太守（韓文公集王仲舒墓志銘）

嚴損之中書侍郎挺之弟歷太原上谷弋陽餘杭四郡太守遷丹陽太守雖風俗殊異治効如一（唐獨孤及文集嚴損之墓志銘）

林洋濟南人歷丹陽太守（舊唐書薛播傳）

按天寶間敕丹陽郡太守林洋及道俗父老百姓等朕遠遵元妙載想靈仙眷玆茅山是謂天洞瑤壇舊

觀餘趾尚存云云時練師李含光將赴金壇故有是敕石刻猶存含光上表年月係天寶七載則林洋守丹陽正其時也石刻内楊字從木

閻敬之爲丹徒郡太守永王璘反進至當塗吳郡太守兼江東採訪使李希言遣其將元景曜及敬之將兵拒之景曜以其衆迎降于璘敬之及璘戰於伊婁埭璘擊斬敬之以徇江淮大震以新舊唐書永王璘傳及新唐書肅宗至德元載帝紀通鑑參定

按唐不曾有丹徒郡而丹陽實治丹徒舊唐書永王璘傳先云採訪使李希言在丹陽後云丹徒太守閻

敬之則丹徒太守即丹陽郡太守也

劉彙新唐書肅宗紀至德二載正月甲寅自山南東道節度使永王傅爲丹陽太守兼防禦使舊紀至德二載八月甲申江東採訪防禦使移治杭州別徐崔渙與新書方鎮表合葢劉彙之除在其年正月

季廣琛永王璘之敗江東節度使韋陟以廣琛從永王下江非其本意懼罪出奔未有所適乃表請拜廣琛爲丹陽太守兼御史中丞沿江防禦使以安反側無何有詔令陟赴行在陟以廣琛雖承恩命猶且遲迴恐後變生禍移於陟欲往招慰然後赴召乃發使上表懇言其

急陟馳至歷陽見廣琛且宣恩旨勞徠行賞陟自以私馬數匹賜之安其疑懼舊唐書韋陟傳

按新唐書韋陟傳載陟表季廣琛爲歷陽太守與舊唐書異然竊詳韋陟係江東節度使丹陽郡乃其所部歷陽郡係和州屬淮南路陟職在江東安得表請廣琛爲歷陽太守恐當從舊唐書度此時廣琛雖已拜丹陽太守之命猶遲迴在淮南之歷陽陟恐爲己累故馳至歷陽宣恩旨招慰廣琛使廣琛亟趨丹陽治所爾舊唐書載陟辭情明白恐新唐書以陟馳至歷陽之故卻以前文拜丹陽太守爲疑故載廣琛爲

歷陽太守也通鑑至德二載二月戊戌季廣琛方貳於璘則陟表奏廣琛爲丹陽必在劉彙之後

按舊唐書職官志上州刺史注乾元元年改郡爲州州置刺史續以舊唐書肅宗紀參考自乾元元年八月始命季廣琛等爲刺史與職官志合今考潤州刺史自韋儇而下得韋元甫韓賁韋損樊晃蕭定馬炫等共七人而建中二年韓滉則兼鎮海節度浙江東西道觀察事權始重與前日不侔條列如左

韋儇上元元年十一月新除江淮都統劉展反舊持節

都統江淮節度宣慰觀察使李峘引兵渡江拒展償以節度觀察副使領潤州刺史與李及浙西節度使侯令儀屯京口（語見攻守形勢）展自上流濟襲下蜀李軍聞之自潰奔宣城甲午展陷潤州丙寅展以降將宗犀爲潤州司馬丹陽軍使始李之去潤州也副使李藏用謂李曰處人尊位食人重祿臨難而逃之非忠也以數十州之兵食三江五湖之險固不發一矢而棄之非勇也無忠無勇何以事君藏用請收餘兵竭力以拒之李乃悉以後事授藏用收散卒募壯士與展將張景超孫待封戰於郁墅兵敗奔杭州展以其將許嶧爲潤州刺史二年展

敗嵲死以通鑑及李本傳唐招隱寺大律師石碑參定

李之都統江淮本傳稱係乾元元年則假以副使刺潤當是李都統江淮之後至上元元年遇展之叛爾

韋元甫歷潤州刺史新舊唐書杜佑傳李華復練塘頌序文載永泰元年十一月韋損刺潤州元甫爲本道觀察使

參之舊唐書代宗帝紀大歷三年元甫以浙西團練觀察使蘇州刺史爲尙書右丞則是元甫自永泰元年至大歷三年皆以蘇州刺史爲觀察使又以舊唐書元甫本傳考雖不載刺潤卻云累遷蘇州刺史浙江西道都團練觀察使大歷初授淮南節度觀察使

在揚州三年至大歷六年卒則其刺潤當在刺蘇州前上元二年劉展已平之後或寶應廣德間

韓賁歷潤州刺史唐招隱寺大律師碑銘其石碑見存于本府壽邱山普照寺下前軍寨碑銘係唐屯田郎中柳識撰識之文載於唐文粹者三

攷新舊唐傳並不見韓賁姓名出處僅登載於此碑風雨剝蝕巋然獨存此碑載潤州刺史姓名凡四人曰韋儇韓賁韋損樊晃以唐書參考韋儇之後韋損之前合有韋元甫而此碑獨不登載意元甫非佚佛者但元甫與賁未知孰爲先後然以紀傳文集參考元甫歷任恐在賁前

韋損永泰元年十一月二十二日銀青光祿大夫領潤州刺史聲如飆馳先詔而至吏人畏伏男女相賀卽日上無貪剋下無寃憤丹陽縣練塘被百姓築堤橫截以利害白本道觀察使韋元甫率徒闢之民刻石頌德以唐地里志練塘碑及李華復練塘頌序招隱大律師碑參定

樊晃銀青光祿大夫潤州刺史會集杜甫集六十卷小集六卷皇甫冉嘗與之登潤州城樓及同遊潤州郡東山有和樊潤州詩兩篇以唐藝文志招隱大律師碑及潤州類集參定

按獨孤及集有皇甫冉文集序文載冉大歷二年以右補闕奉使江表因省家至丹陽而沒潤州類集亦

載皇甫冉省家至丹陽卒盧綸有哭冉詩則冉與樊潤州登城樓遊東山當是奉使江表省家之時又按唐文粹有琴會記載大歷六年浙西觀察使蘇州刺史兼御史大夫贊皇公祗命朝於京闕春正月夕次朱方刺史樊公以琴相和贊皇公係李棲筠以舊唐紀考之棲筠除在八月今琴會記載次朱方月日恐是七年春正月爾晃刺潤合在蕭定之前然招隱寺大律師碑銘係建中三年撰文貞元五年十一月七日立碑以唐紀傳考之撰文乃韓滉刺潤之時立碑乃王緯刺潤之時而碑辭所及前止韋偯後止樊晃

中間不及韋元甫向後不及蕭定馬炫韓滉白志貞王緯則前後刺潤者其佞佛不佞佛可以概見

蕭定新舊唐書本傳歷袁信湖宋睦五州刺史遷潤州刺史所涖有政聲大歷中有司差天下刺史治最定與常州刺史蕭復濠州刺史張鎰爲理行第一而劭農桑均賦稅逋亡歸復戸口增加定又冠焉尋遷戸部侍郎舊唐書張鎰蕭復傳鎰係大歷五年除濠州刺史復係大歷十四年自常州刺史爲潭州刺史

又按延陵季子廟記蕭定撰書銜云時大歷十四年歲次已未八月戊戌朔二十七日甲子正議大夫使

持節潤州諸軍事守潤州刺史上柱國賜紫金魚袋新拜尙書戶部侍郎蘭陵蕭定字梅臣記定之刺潤歷年必多葢戶口增加等事非歲月可辨

馬炫新舊唐書本傳燧之仲兄建中初爲潤州刺史黜陟使柳載以清白聞召拜太子右庶子

按乾元元年復爲潤州始隸浙西道其節度團練觀察使治所遷徙不常然未嘗治潤也乾元元年則韋黃裳以節度治蘇乾元二年至上元元年則顏眞卿侯令儀二人以節度治昇上元二年則季廣琛李琬以節度治宣自大歷三年

至大歷十四年則韋元甫李棲筠李涵李道昌韓滉並以團練觀察治蘇建中二年韓滉始自蘇徙潤浙江東西道合而爲一又加鎮海之號以重其軍增置節度使以重其權除罷年月如左

韓滉舊唐書德宗紀建中二年夏五月庚寅自浙江西道爲鎮海軍加蘇州刺史授檢校禮部尚書潤州刺史充鎮海軍節度使浙江東西道觀察等使通鑑六月庚寅以浙江東西觀察使蘇州刺史韓滉爲潤州刺史浙江東西節度使名其軍曰鎮海興元元年五月加檢校

右僕射貞元元年秋七月丙午授檢校尚書左僕射同平章事江淮轉運使通鑑係興元元年十二月庚辰加滉平章事江淮轉運使貞元元年十一月乙未兩浙節度使韓滉來朝十二月丁巳以滉兼度支諸道鹽鐵轉運使貞元三年二月戊寅度支鹽鐵轉運使鎮海軍節度浙江東西道觀察等使檢校左僕射同中書門下平章事晉國公韓滉卒贈太傅新舊唐書本傳拜蘇州刺史浙江東西都團練觀察使尋加檢校禮部尚書兼御史大夫潤州刺史鎮海軍節度使滉既移鎮安輯百姓均其祖調不踰月境內稱治帝在奉天淮汴震騷滉訓

練士卒鍛礪戈甲稱爲精勁分兵戍河南又獻縑十萬
疋請以鎮兵三萬助討賊有詔嘉勞尋檢校尚書右僕
射封南陽郡公李希烈陷汴州滉擇銳卒令裨將李長
榮王棲曜柏良器破之漕路無梗安靖東南滉功居多
時里胥有罪輒殺無貸人怪之滉曰袁晁本一鞭背史
禽賊有負聚其類以反此輩皆鄉縣豪黠不如殺之用
少年者惜身保家不爲惡又聞京都未平恐有渡江之
事築石頭五城造樓船戰艦毀寺觀修塢壁置館第穿
深井俾偏將邱涔督役朝令夕辦又與揚州陳少游臨
江大閱以金繒相餉酬自德宗出幸及歸京師軍用旣

繁道路又阻關中饑饉加以災蝗滉調發糧帛以濟朝廷府無虛月當時實賴焉李晟方屯渭北滉運米饋之船置十弩以爲防援有寇則叩舷相警賊不能剽始漕船臨江滉顧僚吏曰天子蒙塵臣下之恥也乃自舉一囊置舟中將佐爭負之須臾而畢會有毀滉者上疑之李泌數爲滉辨明其無他上曰善卽下泌章令滉子考功員外郎皐謁告歸覲諭以卿父比有謗言朕今釋然不復信矣因言關中乏糧令語其父速致之皐至潤州滉感悅流涕卽日自臨水濱發米百萬斛聽皐留五日卽還朝自送至江上冒風濤而遣之陳少游聞滉貢米

亦貢二十萬斛上謂李泌曰韓滉乃能化陳少游亦貢米矣泌對曰豈惟少游諸道將爭入貢矣時關中兵荒米斗直錢五百及滉米至減五之四二年春特封晉國公其年十一月來朝加滉江淮轉運使十二月加度支諸道轉運鹽鐵等使以通鑑參定

按通鑑貞元三年二月韓滉薨分浙江東西道爲三浙西至潤州又按舊唐紀貞元三年二月以白志貞爲潤州刺史浙西觀察使與通鑑合具敍郡而新書方鎮表於貞元三年云分浙江東西爲二道觀察使治蘇州恐是傳寫之誤蓋德

宗始欲其聚江淮財賦故特創鎮海節度合東西二浙之權以畀之中間奉天之難雖滉之力居多緣任重權專謗讟亦不少故滉死始懲其專而分其權然浙西觀察治所實在潤元不曾徙治蘇州自貞元三年二月以後自永貞元年三月丙戌以前觀察使凡四人曰白志貞王緯李若初李錡而錡於永貞初復爲鎮海節度使

條列如左

白志貞舊唐書德宗紀貞元三年二月戊寅以果州白志貞爲潤州刺史兼御史大夫浙西觀察使貞元三年

六月乙巳浙西觀察使白志貞卒通鑑貞元三年二月戊寅韓滉薨上以果州刺史白志貞爲浙西觀察使柳渾曰志貞憸人不可復用會渾疾不視事辛巳詔下用之渾疾間遂乞骸骨不許

王緯舊唐書德宗紀貞元三年八月壬辰以給事中王緯爲潤州刺史浙西觀察使貞元十年十一月乙酉以浙西觀察使王緯爲諸道鹽鐵轉運使貞元十四年八月甲午浙西觀察使潤州刺史王緯卒新舊唐書本傳進給事中會浙西觀察使闕執政李泌曰浙西賦入尤劇緯淸而忠能惠養民請遣之制可初州縣有韓滉時

罰錢未入者十八萬緡府史請裒爲進奉緯上疏願錮以紓民詔聽之貞元十年加御史大夫兼諸道鹽鐵轉運使裴延齡以諸道負錢四百萬緡獻爲羨餘以圖寵緯奏此諸州經費大忤延齡意三歲加檢校工部尚書卒贈太子少保緯性勤儉居官以清白稱然好用刻深吏督察巡屬人不聊生

李若初舊唐書德宗紀貞元十四年九月乙卯以浙東觀察使李若初爲潤州刺史浙西觀察使及諸道鹽鐵轉運使貞元十五年春正月甲戌浙西觀察使李若初卒新舊唐書本傳累遷越州刺史浙江東道都團練觀

察使十四年秋代王緯爲潤州刺史兼御史大夫浙西都團練觀察諸道鹽鐵轉運使時天下錢少貨輕州縣禁錢不出境商賈不通若初始奏縱錢以起萬貨詔可若初善於吏道性嚴彊持剛檢下吏民畏服方整理鹽法頗有次敘貞元十五年遇疾卒贈禮部尚書

李錡舊唐書德宗紀貞元十五年二月乙酉以常州刺史李錡爲潤州刺史浙西觀察使及諸道鹽鐵轉運使通鑑永貞元年三月丙戌以浙西觀察使李錡爲鎮海節度使解其鹽鐵轉運使舊唐書憲宗紀元和二年十月己酉以浙西節度使李錡爲左僕射新舊唐書本傳

方閑廄宮苑使李齊運用事錡以賂數十萬結其歡薦之於上自杭湖二州刺史遷潤州刺史浙西觀察諸道鹽鐵轉運使錡刻剝多積奇寶歲時奉獻德宗昵之因恃恩驕恣天下榷酒漕運錡得專之故朝廷用事臣錡以利交餘皆乾没於私國計日耗浙西布衣崔善貞上書闕下暴其罪帝械以賜錡錡聞其將至預浚大坎於道傍至則并鎖械納坎中生瘞之聞者切齒錡復欲爲自全計增廣兵衆隨身以胡奚雜類虬鬚爲一將號蕃落健兒皆錡腹心稟給十倍使號錡爲假父故樂爲其用永貞元年復鎮海軍以錡爲節度使罷領鹽鐵轉運

錡雖失利權而喜得節旄暴倨日甚屬吏死不以過甚衆寮佐力諫不能得遽遁去憲宗卽位錡不自安三請覲有詔拜尚書左僕射錡屢遷行期上表稱疾上以問宰相武元衡曰陛下初卽政錡求朝得朝求止得止可否在錡將何以令四海上以爲然下詔召之錡計窮遂謀反制以淮南節度使王鍔統諸道兵討之其將張子良執錡械送京師初戶部侍郎張滂領諸道鹽鐵轉運使後潤州刺史王緯代之理於朱方數年錡又代之鹽院津堰改張侵剝不知紀極私路小堰厚斂行人多自錡始以唐食貨志通鑑參定

王濬新唐書憲宗紀元和二年十月鎮海軍節度使李錡反殺留後王濬新舊唐書本傳憲宗卽位二年錡求入朝上遣中使至京口慰撫且勞其將士錡雖立判官王濬爲留後實無行意屢遷行期濬與敕使數勸諭之錡不悅而反王濬既掌留務於軍府頗有制置錡益不平密諭親兵使殺之會頒冬服錡嚴兵坐幄中濬與敕使入謁有軍士數百譟於庭曰王濬何人擅主軍務曳下臠食之以通鑑參定

按新唐書方鎮表載元和二年升浙西觀察爲鎮海軍節度通鑑考異辨之已詳然李錡既誅

節度使又除李元素韓皐二人而後復罷爲觀
察使

李元素舊唐書憲宗紀元和二年十月己酉以御史大夫李元素爲潤州刺史鎮海軍浙西節度使新舊唐書本傳元和初拜御史大夫李錡爲亂江南遂授元素浙西道節度觀察處置等使數月受代入拜國子祭酒

韓皐舊唐書憲宗紀元和三年二月己丑以武昌軍節度使韓皐爲潤州刺史鎮海軍節度浙西觀察使元和五年正月已巳浙西觀察使韓皐封杖決安吉令孫澥致死有乖典法罰一月俸料新舊唐書本傳拜尚書右

丞嫉王叔文用事叔文怒出皐爲鄂岳蘄沔觀察使叔文敗卽拜節度徙鎮海四年七月封杖決湖州安吉縣令孫澥四日致死時元稹以監察御史分務東臺劾奏皐云孫澥官忝字人一邑父母白狀追攝過犯絕輕觀察使職在六條訪察事有不法卽合具狀奏聞封杖決巡內官吏典法無文數日致死有傷和氣請明典憲嚴加禁斷五年春正月己巳赦皐備歷中外合遵典憲有此乖越良所憮然罰一月俸料然皐大抵以簡儉治所至有績後入爲戶部尚書以舊唐書德宗紀元稹長慶集參定

按舊唐紀元和五年十一月浙西奏當鎮舊有

丹陽軍今請併爲鎮海軍係薛苹到後奏請故元和六年十月有潤州鎮海軍使額宜停之文與新書方鎮表載元和六年浙西觀察罷領鎮海軍使合則是韓皐之後罷節度爲觀察分明然元和五年正月韓皐罰俸時已係觀察使者閻濟美係浙西觀察亦合在韓皐之後今姑以濟美列於薛苹之前又自元和五年八月至大和八年十一月得六八曰薛苹李翛竇易直李德裕李蟾丁公著王璠內李德裕以大和九年及開成間又再守潤故合其三到履歷聚爲一

傳以見其始末

閻濟美新舊唐書本傳貞元末自婺州刺史福建觀察使徙潤州刺史浙西觀察使所至以簡易爲理兩地之人常賦之外不知其他初諸道長吏罷還者取本道錢爲進奉帝因赦令一切禁止而山南節度使柳晟與濟美皆格詔輸獻御史中丞盧坦劾奏帝諭坦曰二人所獻皆家財朕已許原不可失信坦曰所以布大信者赦令也今二臣違詔陛下奈何以小信失大信乎帝曰朕既受之奈何坦曰出歸有司以明陛下之德帝納之蓋濟美之罷浙西也方在道見詔而貢獻無所還故帝爲

言之以新舊唐書盧坦傳參定

按通鑑元和三年二月辛亥御史中丞盧坦奏彈前山南西通節度使柳晟前浙東觀察使閻濟美違赦進奉而考異又特辨此事以爲新舊唐書閻濟美傳皆誤合從實錄云離越州後方見赦文則是浙東分明若從唐傳則新舊唐書帝紀皆無濟美刺潤州觀察浙西除罷年月況舊紀自建中至元和潤州刺史除罷甚明通鑑斷然從實錄係之於元和三年二月則與舊紀除韓皐年月同濟美不當作浙西矣溫公必有所見葢溫公修通鑑亦不專從實錄如昭宗景

福二年九月錢鏐爲鎮海節度使實錄云仍徙鎮海軍額於杭州温公則按吳越備史以辨實錄之誤今於濟美乃以爲浙東而專主實錄其考訂必詳是非必公難以臆見附入浙西但前志已據祥符圖經編載今不敢删去姑核唐傳綴之於此

薛苹舊唐書憲宗紀元和五年八月乙亥以浙東觀察使薛苹爲潤州刺史新舊唐書本傳憲宗時自湖南觀察使徙浙東以治行遷浙江西道觀察使加御史大夫累封河東郡公廉風俗守法度人甚安之理身儉薄嘗衣一緑袍十餘年不易因加賜朱紱然後易去歷三鎮

凡十餘年家無聲樂所得俸祿悉以分散親屬故人而無餘藏除左散騎常侍年七十致仕是時有年過垂車而不知止者唯苹年至而無疾請告角巾東洛時甚高之

李翛舊唐書憲宗紀元和十一年冬十月庚午以京兆尹李翛爲潤州刺史浙西觀察使以翛嘗歷計司能聚斂方藉供軍故有斯授元和十四年三月庚寅浙西觀察使李翛卒新舊唐書本傳翛不知何許人進京兆尹專聚斂以固恩寵帝以浙西重鎮號爲殷阜欲掊攟遺利乃以翛爲潤州刺史浙西觀察使令設法鳩聚財貨

淮西用兵頗賴其賦元和十四年以病求還京師未朝
謁而卒士有相賀者
竇易直舊唐書憲宗紀元和十四年五月己亥以宣歙
觀察使竇易直爲潤州刺史充浙西觀察使新舊唐書
本傳自宣歙觀察使遷浙西觀察使長慶二年七月汴
州將李㝏逐其帥李愿易直聞汴州亂而懼欲散金帛
以賞軍或曰賞給無名卻恐生患乃止而外已有知之
者時江淮旱水淺轉運使錢帛委積不能漕大將王國
清指漕貨激衆謀亂先事有告者乃械國清下獄其黨
數千羣譟入獄篡取之因欲大剽易直登樓令曰能誅

爲亂者一級賞千萬衆喜反縛爲亂者三百餘人幷擒
國清斬之九月以李德裕代還爲吏部侍郎以通鑑參定
李德裕舊唐書穆宗紀長慶二年九月癸卯以御史中
丞李德裕爲潤州刺史兼御史大夫浙西道都團練觀
察處置等使以代竇易直衞公年譜寶歷二年有造三
聖像記其銜乃正議大夫持節潤州諸軍事守潤州刺
史兼御史大夫充浙西道都團練觀察處置等使上柱
國贊皇縣開國男食邑三百戸賜紫金魚袋舊唐書文
宗紀大和元年九月丁丑浙西觀察使李德裕就加檢
校禮部尚書大和三年秋七月乙巳以浙西觀察使檢

校禮部尚書李德裕爲兵部侍郎大和八年十一月乙亥以兵部尚書李德裕檢校右僕射充鎮海軍節度浙江西道觀察等使舊唐書本傳係檢校尚書左僕射潤州刺史鎮海軍節度蘇常杭潤觀察等使大和九年夏四月丙戌以鎮海軍節度使浙西觀察等使李德裕爲太子賓客分司東都開成元年十一月庚辰以太子賓客分司東都李德裕檢校戶部尚書充浙西觀察使開成二年五月丙寅以浙西觀察使李德裕檢校戶部尚書兼揚州大都督府長史充淮南節度使新舊唐書本傳德裕吉甫之子長慶二年爲御史中丞李逢吉欲引

僧孺同相懼德裕禁中沮之九月出德裕為浙西觀察使潤州承王國清亂前使竇易直傾府庫賚軍貲用空殫而下益驕德裕自檢約以留州財贍兵雖儉而均故士無怨二年之後賦輿復集南方信禨巫雖父母癘疾子棄不敢養德裕諭以孝慈大倫弊風頓革按祠廟非經祠者毀千餘所撤私邑山房千四百六十寇無所廋蔽人樂其政天子下詔褒揚敬宗立詔浙西上脂盝粧具又索盤條繚綾千疋德裕論奏優詔為停語見徐州土貢王智興于泗州築壇度僧德裕劾奏禁齊民蒜山渡江者有詔禁止寶歷元年上丹扆六箴曰宵衣正服罷獻

納誨辨邪防微辭皆明直婉切帝雖不能用命學士韋
處厚殷勤答詔謝竟爲逢吉排笮訖不内徙是年德裕
有遊北固山詩元稹和之云自公鎮南徐三换營門柳
寶歷三年亳州浮屠詭言水可愈疾號曰聖水南方徃
汲者互相欺訹德裕于蒜山渡嚴勒津邏捕絶狂人杜
景先上言其友周息元壽數百歲帝遣宦者徃潤州迎
之至京師館之禁中山亭德裕又論奏後息元誕譎不
情文宗即位逐之大和三年召拜兵部侍郎裴度薦材
堪宰相而李宗閔以中人助先秉政且德君出德裕鄭
滑踰年徙劒南西川大和六年召爲兵部尚書七年以

本官平章事八年罷相尹興元復爲兵部尚書十一月乙亥授檢校右僕射充鎮海軍節度浙江西道觀察等使劉夢得亦送德裕赴鎮詩二首中有聯云鳳從池上遊滄海鶴到遼東識舊巢又云建節東行是舊遊歡聲喜氣滿吳州郡人重得黃丞相童子爭迎郭細侯詩引亦云公頃廉問江南已經七載後歷滑臺劍門兩鎮遂入相今復領舊地新加旌旆九年四月丙戌授太子賓客分司東都貶袁州長史開成元年刺滁州十一月庚辰授檢校戶部尚書復充浙西觀察使德裕三在浙西出入十年五月丙寅授檢校戶部尚書兼揚州大都督

府長史充淮南節度使據德裕獻替記云自唐有國二百餘年未嘗有自潤遷揚州者況兩地皆是舊封倍懷榮感葢德裕祖文獻公棲筠大歷二年曾以蘇州刺史兼浙西團練觀察使而忠懿公吉甫嘗爲淮南節度使二鎮皆父祖舊治故云以李衛公年譜參定

李蟾大和三年七月浙西觀察使李德裕召爲兵部侍郎以李蟾爲留後李德裕獻替記新舊唐書本傳初德裕爲浙西觀察使漳王傅母杜仲陽坐宋申錫事放歸金陵詔德裕存處之會德裕已離浙西在道奉詔書至宿州聞仲陽已過遂牒留後李蟾令依詔旨處分後至大和九

年三月王璠與李漢鄭注誣奏德裕德裕得罪分司東都至開成元年冬德裕再授觀察浙西因供奉官梁承敏送官誥至德裕具錄得令安存仲陽詔白及至宿州牒留後李蟾并奏狀附承敏封進上覽狀歎息以德裕獻替記及通鑑參定

丁公著舊唐書文宗紀大和三年秋七月乙巳以禮部尙書翰林侍講學士丁公著檢校戸部尙書兼潤州刺史充浙西道觀察使大和六年八月壬申以浙西觀察使丁公著爲太常卿舊唐書本傳穆宗即位以青宮之舊自給事中遷工部侍郎知吏部選事公著知將大用

以疾辭求外官遂觀察浙東徙河南尹遷尚書右丞轉兵部吏部遷禮部尚書上以浙西災寇求良帥命檢校戸部尚書領之詔賜米七萬石以賑給浙民賴之改授太常卿

按新唐書本傳自浙西徙河南四遷禮部尚書長慶中浙東災癘拜觀察使詔賜米七萬斛使賑濟與舊唐書傳先後不同然考舊唐書帝紀長慶元年爲給事中是年十月出觀察浙東寶歷二年自右丞爲兵部侍郎大和二年自吏部侍郎爲禮部尚書三年爲潤州刺史六年五月浙西丁公著奏杭州八縣災疫

賑米七萬石是年八月除太常卿九月丁未卒歷歷可考與傳無少差非自浙西徙河南賜米七萬賑饑亦非在浙東也

王璠舊唐書文宗紀大和六年八月乙丑以尚書左丞判太常卿王璠檢校禮部尚書潤州刺史浙西觀察使新舊唐書本傳自左丞判太常卿事出爲浙西觀察鄭注李訓薦之八年自浙西觀察使召還復拜尚書左丞訓敗與子遐休俱死方璠在浙西因溝其城旣鑿深數尺役人得一方石銘十二字云山有石石有玉玉有瑕瑕即休璠命寮佐辨之莫析其旨京口老人講之曰此

石非尙書吉兆也且公之先曰崟崟生礎以文而觀是山有石也礎生璠是石有玉也璠之子曰遐休是玉有瑕瑕郎休休者絕之兆其絕緒乎以通鑑太平廣記參定

按王璠之後李德裕再以兵部尙書鎭潤朝廷欲重其權故復加鎭海節度使寵之緣王璠李漢等誣奏遂得罪至賈餗之除遂廢節度爲觀察路隋以宰相出典故復帶節度使參之新書方鎭表云大和九年復置鎭海軍節度使者正以八年冬李德裕再鎭潤也又云數日廢者賈餗之除觀察使僅得七日也又云既而復置者

再除路隋爲節度使也又云踰月又廢者路隋至是年七月卒又除崔鄲爲觀察使也德裕再除已條列在前自賈餗而後條列如左

賈餗舊唐書文宗紀大和九年四月辛卯以京兆尹賈餗爲浙西觀察使四月戊戌以新浙西觀察賈餗爲中書侍郎同中書門下平章事新唐書宰相表同帝紀作浙江東道觀察使恐是傳寫之誤新舊唐書本傳遷京兆尹坐奪俸餗不勝恚恥之求出詔以爲檢校禮部尚書潤州刺史浙西觀察使制出未行戊戌拜中書侍郎同平章事以通鑑參定

路隋舊唐書文宗紀大和九年夏四月丙申以太子太

師門下侍郎平章事路隋爲鎮海軍節度浙西觀察等
使新書宰相表係除檢校尚書右僕射平章事鎮海軍
節度使大和九年秋七月壬戌鎮海軍節度使路隋卒
新舊唐書本傳初王璠李漢誣奏李德裕厚賂杜仲陽
陰結漳王圖爲不軌上怒甚召宰相路隋王涯李固言
及璠漢鄭注等面證其事璠漢等極口誣之隋曰德裕
實不至此誠如璠漢之言微臣亦合得罪羣論稍息李
德裕連貶至袁州長史隋不簽奏狀始爲鄭注所忌九
年四月拜檢校尚書右僕射同中書門下平章事兼潤
州刺史鎮海軍節度浙江西道觀察等使大和九年七

月遇疾於路薨於楊子江之中流以通鑑參定
崔鄲舊唐書文宗紀大和九年秋七月辛酉以鄂岳觀察使崔鄲充浙西觀察使樊川集崔鄲行狀列銜云銀青光祿大夫檢校禮部尚書御史大夫充浙江西道都團練觀察處置等使開成元年十一月庚辰浙西觀察使崔鄲卒新舊唐書本傳自鄂岳安黃蘄申等州觀察使移浙江西道都團練觀察使加禮部尚書鄲曰三吳者國用半在焉因高爲旱因下爲水者六歲矣輕賦兵役不減於民上田沃土多歸豪強荀悅所謂公家之惠優於三代豪強之酷甚於亡秦今其是也于是料民等

第籍地沃瘠均其徵賦一其徭役經費宴賞約事裁節民有宿逋不可減於上供者必代而輸之誠禱山川歲獲大稔復曰衣冠者民之主也自艱難以來軍士得以氣加之商賈得以財侮之不能自奮者多棲於吳土遂立延賓館以待之苟有一善必接盡禮因訪里閭益知民之疾苦隨以治之才逾期歲而吳民復振開成元年十月二十日薨於治所多士相弔曰使鄖相天子貞觀開元之俗可期而見也豈鄖不幸實生民之不幸也贈吏部尚書以樊川集鄖行狀參定

盧商舊唐書文宗紀開成二年五月辛未以蘇州刺史

盧商爲浙西觀察使新舊唐書本傳開成初自蘇州刺史鹽課增倍宰相上其勞績遷潤州刺史浙西團練觀察使召爲刑部侍郎

按崔鄲之後係李德裕再以觀察使鎮潤已併列於前德裕之後係盧商舊唐紀與唐傳已明載之但盧商之罷潤州無年月自開成二年以後至咸通三四年以前漫不可考今於新唐書列傳資治通鑑太平廣記得七人用舊唐書紀傳新書方鎮表旁考互證粗有次序前五人係觀察使曰盧簡辭鄭朗李景遜崔瑤敬晦至李

琢則復爲鎮海節度使蕭寘又復爲觀察使條

列辨證如左

盧簡辭新唐書本傳李程鎮太原表爲節度判官入授

考功員外郎累擢湖南浙西觀察使

按新舊唐書紀及新唐書宰相表李程罷相出鎮之時實寶歷二年九月簡辭出爲程判官入授考功員外又累擢而後觀察湖南自湖南而後觀察浙西經歷如此決非歲月間事當是盧商刺潤之後蓋舊唐紀無盧商罷潤州年月至會昌六年始載兵部侍郎判度支盧商奏諸道兵討伐党項繼考盧商傳自觀

察浙西入爲刑侍轉京兆尹遷戸侍判度支又出鎮東川方爲兵侍再判度支經歷亦八九年以盧商之經歷度簡辭之出入其觀察浙西疑是開成之末會昌之初

鄭明新唐書本傳由御史中丞戸部侍郎爲鄂岳浙西觀察使

按明觀察浙西年月新舊帝紀皆不載及考其拜相年月舊帝紀則大中七年四月新唐紀及表則大中十年正月考新書鄭明傳自觀察浙西之後歷義武宣武二節度工部尚書判度支御史大夫方拜相未

觀察浙西以前嘗爲諫議大夫舊唐書鄭明傳載明
遷諫議在開成四年而新傳載明自諫議爲侍講亦
四五遷方至浙西度必在會昌或大中初與李景遜
相先後今姑列於李景遜之前
李景遜通鑑會昌六年九月以右散騎常侍爲浙西觀
察使新舊唐書本傳母鄭氏性嚴明景遜宦達髮已斑
白小有過不免捶楚及觀察浙西母問行日景遜率然
對有日鄭曰如是吾方有事未及行蓋怒其不嘗告也
且曰已貴何用母行景遜重請罪乃赦有左都押牙迕
景遜意景遜杖之而斃軍中忿怒將爲變母聞之景遜

方覩事母出坐廳事立景遜于庭而責之曰天子付汝以方面國家刑罰豈得以爲汝喜怒之資妄殺無罪之人乎萬一致一方不甯豈惟上負朝廷亦使百歲母銜羞入地何以見汝之先人乎命左右扯其衣坐之將撻其背將佐皆爲之再拜請不許皆泣謝久迺釋之軍中由是遂安以通鑑參定

崔璐新舊唐書本傳鄲之子大中六年知貢舉旋拜禮部侍郎出爲浙西觀察使以崔鄲傳參定

敬晦新唐書本傳大中中歷御史中丞刑部侍郎諸道鹽鐵轉運使浙西觀察使時南方連饉有詔弛榷酒茗

官用告乏晦處身儉勤貲力遂充徙兖海節度使

按崔璐敬晦二人觀察浙西雖皆在大中年未知孰爲先後但崔璐自知貢舉再遷而觀察浙西敬晦自御史中丞三轉而爲浙西觀察姑以此次序然未敢臆斷也

李琢新唐書本傳琢以家閥擢鎮海節度使無顯功不爲士大夫稱道

按李琢節度鎮海未詳何時然按襄邑王神符孫李從晦傳甘露之禍御史中丞李孝本被誅從晦以族昆弟貶閬州司戶累遷常州刺史鎮海軍節度李琢

表其政又按李景遜傳李琢罷浙西以同里訪之避不見景遜以會昌六年觀察浙西中間又有崔瑤敬晦則琢之爲鎮海節度當是大中之末又按新書方鎮表大中十二年復置鎮海軍節度使疑琢節度鎮海必是此時蓋以李從晦李景遜參考又方鎮表適相合姑列於敬晦之次

蕭寘歷浙西觀察使

按太平廣記云寘揚歷清途自浙西觀察使入判戶部非久遂居廊廟如開成中喜聽聲揣骨龍復本之言唐宰相表咸通五年四月兵部侍郎判戶部蕭寘

本官同中書門下平章事以太平廣記參之自開成間寘揚歷清途然後觀察浙西入判戶部郤不言爲兵部新書蕭復傳後載寘咸通中位宰相無顯功史逸其傳則其觀察浙西年月不可詳然考唐方鎮表大中十三年廢鎮海節度使置都團練觀察使疑寘之觀察浙西當在此時蓋前有李琢爲節度合方鎮表大中十二年復置鎮海節度之文後有杜審權爲節度合方鎮表咸通三年置鎮海節度之文中間爲觀察疑爲蕭寘立文

按舊唐紀自開成二年五月授盧商浙西觀察

使之後至咸通五年二月方有除杜審權之文然審權復爲節度使矣八年三月楊收又復爲觀察使然新舊唐傳與通鑑卻以楊收爲宣歙觀察已逐段辨證在後自咸通十一年至光啟三年雖皆爲節度使而中間裴璩僅見於新唐紀通鑑及本府武烈帝廟碑自文德以後至景福二年新舊唐紀傳皆無可考如李順節亦見於別傳今用通鑑考出數人景福二年李鋋錢鏐雖見於舊唐紀鎮海軍額移於杭州通鑑五代史又自以爲光化元年方徙蓋唐僖昭間潤

自周寶被逐之後已爲羣盜所據朝廷除命不行錢鏐自以阮結爲制置使至天祐二年以後楊行密始明據之自以王茂章爲團練使四十二三年間刺守不能盡考自杜審權楊收而下得十三八日曹確趙隱裴璩高駢周寶阮結成及李順節安仁義李鋋錢鏐王茂章李德誠條列如左

杜審權舊唐書懿宗紀咸通五年二月以門下侍郎兵部尚書平章事杜審權爲潤州刺史浙江西道節度使按新唐書宰相表係咸通四年五月戊子爲檢校吏部

尙書同平章事鎮海軍節度使與通鑑年月同而新書方鎮表於咸通三年云置鎮海軍節度使八年三月以浙西觀察使杜審權守尙書左僕射又新舊唐書本傳九年罷宰相檢校司空兼潤州刺史鎮海軍節度使蘇杭常等州觀察使時徐州戍將龐勛據徐泗大擾淮南審權與淮南節度令狐綯荊南節度崔鉉奉詔出師掎角討賊審權遣都頭翟行約將四千人救泗州賊逆擊于淮南行約及士卒盡死又遣押牙趙翼同辛讜將甲士與淮南共輸米鹽救泗州至楚州徐賊水陸布兵鎖斷淮流浙西軍憚其强不敢進讜乃募選軍中敢死士

牒補職名先以米舟三艘鹽舟一艘乘風逆流直進賊夾攻之矢著舟板如急雨及所讓帥衆死戰斧斷其鎖乃得過城上人望舟師張帆自東來識其旗浙西軍也饋運不絶遂破龐勛進檢校司空入爲尙書左僕射制曰審權頃罷機務鎭於金陵値淮夷猖狂干戈悖起累發猛士挫彼賊鋒廣備糗糧助兹軍食深惟將相之大體頗覩文武之全才王導以瀟灑之名不忘戎事謝安以恬澹之德亦在兵間以通鑑參定

按舊唐紀載審權鎭潤係咸通五年二月而舊唐書本傳卻云九年是紀傳自爲牴牾新唐傳載審權進

檢校司空入爲尚書左僕射無年月而新書宰相表闕九年事亦不可考故書以存疑

楊收舊唐書懿宗紀咸通八年三月以門下侍郎兼戶部尚書平章事揚收檢校兵部尚書充浙江西道觀察使九年十月貶浙西觀察使楊收爲端州司馬

按新舊唐書本傳及通鑑並載收係宣歙觀察使則舊唐書紀傳自爲異同然舊紀兩處該載明白兼新書方鎭表咸通八年廢鎭海軍節度使與舊紀楊收爲浙西觀察使相合姑存之

曹確舊唐書懿宗紀咸通十一年三月左僕射門下侍

郎同平章事曹確以病求免授檢校司空平章事兼潤州刺史充浙江西道觀察等使新書宰相表確係檢校司徒同平章事鎮海軍節度使新舊唐書本傳在相位六年罷相檢校司徒平章事潤州刺史鎮海軍節度觀察等使以出師扞龐勛功就加太子太師後徙河中

按新書方鎮表咸通十一年置鎮海軍節度使正合除確之年

趙隱舊唐書僖宗紀乾符元年三月以中書侍郎刑部尚書同平章事趙隱檢校吏部尚書潤州刺史浙江西道都團練觀察等使新書宰相表係二月癸丑授檢校

兵部尚書鎮海軍節度使新舊唐書本傳僖宗初罷相檢校兵部尚書潤州刺史浙西觀察等使新傳作鎮海軍節度狼山鎮遏使王郢等六十九人有戰功隱賞以職名而不給衣糧郢等論訴不獲遂劫庫兵作亂行收黨衆近萬人攻陷蘇常乘舟往來泛江入海轉掠二浙南及福建大爲人患隱坐撫御失宜下除太常卿以通鑑參定

裴璩新唐書僖宗紀乾符三年七月辛巳鎮海軍節度使裴璩及王郢戰敗之通鑑四年二月王郢横行浙西鎮海節度裴璩嚴兵設備不與之戰密召其黨朱實降之散其徒六七千人輸器械二十餘萬舟航粟帛稱是

敕以實爲金吾將軍於是郢黨離散餘衆皆平
按本府武烈帝廟碑乾符二年突陣將王郢等潛思
怙亂尙書河東裴公坐鎭金陵云云又廟碑後奉敕
係四年正月十日中書門下牒浙西觀察使按此則
王郢之亂始於乾符二年趙隱撫御失宜故以璩代
之璩以尙書鎭潤正二三年間璩未成功嘗禱於廟
王郢既平璩乞廟諡故四年有此牒與新紀及通鑑
年月皆合但牒云浙西觀察使而新紀通鑑稱節度
使當是如韓滉李德裕諸公倂帶浙西觀察鎭海節
度之銜

高駢舊唐書僖宗紀乾符四年六月以宣歙觀察使高駢檢校司空兼潤州刺史鎭海軍節度蘇常杭潤觀察處置江淮鹽鐵轉運江西招討等使按通鑑五年四月曹師雄寇湖州裴璩遣兵擊破之是年六月方以駢爲鎭海節度舊紀云四年六月除駢不同又新舊唐書本傳并通鑑云自荆南徙鎭海舊紀云自宣歙不同新唐書紀六年正月鎭海軍節度使高駢爲諸道行營兵馬都統舊唐書紀六年十月以鎭海軍節度浙江西道觀察處置等使高駢檢校司徒同平章事揚州大都督府長史充淮南節度副大使知節度事江淮鹽鐵轉運江南行營招討等使進封燕國公食邑三千戶新舊唐書本傳時草賊王仙芝陷荆襄仙芝

徒黨皆鄆人天子以駢前鎮鄆軍民畏服故授駢京口節鉞以招懷之駢遣將張潾梁纘分兵窮討降其驍帥畢師鐸秦彥李罕之許勍等數十人賊走嶺表帝美其功加諸道行營兵馬都統江淮鹽鐵轉運等使又詔駢料官軍義營鄉團歸其老弱傷夷裁制軍食刺史以下小罪輒罰大罪以聞進位檢校司徒徙淮南節度以通鑑參定

按本府武烈帝廟碑云屬災流濮上盜掠江東丞相司徒燕國公移從荆渚代撫吳民此段所指雖無姓名然其銜丞相司徒燕國公以其時考之所謂盜掠

江東正係駢遣將張潾梁纘分兵窮討降其驍帥畢師鐸等之時也廟之復興始於裴璩成於高駢故載二公爲詳碑見存於城南報恩寺東

周寶舊唐書僖宗紀乾符六年十一月以神策大將軍周寶檢校尚書左僕射兼潤州刺史鎮海軍節度浙江西道觀察等使光啟三年二月乙巳朔潤州牙將劉浩度支使薛朗同謀逐其帥周寶自稱留後按新唐書紀三年五月癸巳鎮海軍劉浩逐其節度使周寶度支催勘使薛朗自稱知府事與舊紀劉浩自稱留後不同新唐書本傳黃巢據宣歙寶自涇原節度徙鎮海節度兼南面招討使加檢校司空時羣盜所在盤結寶練卒自守發

杭州兵戍縣鎮中和二年進同中書門下平章事兼天
下租庸副使寶和裕喜接士以京師陷賊將赴難益募
兵號後樓都寶子瑱統之孱不能馭軍部伍橫肆寶亦
稍戢聲色不卹事初寶與淮南節度高駢俱出神策軍
駢以兄事寶及駢先貴有功浸輕之旣而封壤相鄰數
爭細故遂有隙帝在蜀淮南絕貢賦謾言道浙西爲寶
剽阻帝知其誣不直駢駢檄寶入援京師寶喜治舟師
將赴之或曰高公幸朝廷多故有併吞江東之志聲云
入援其實未必非圖我也宜爲備寶未信使人覘駢殊
無北上意會駢使人約會金山面議軍事謀執寶寶辭

疾不往謂使者曰平時且不聞境上會況上蒙塵宗廟焚辱甯高會時耶由是遂爲深仇會後樓兵浸驕不可制廪給倍於鎮海軍軍皆怨寳築羅城二十餘里建東第人苦其役寳與僚屬宴後樓有言鎮海軍怨望者寳曰亂則殺之度支催勘使薛明以其言告所善鎮海軍將劉浩戒之使戢士卒浩曰惟反可以免死耳是夕寳醉方寢浩帥其黨作亂攻府舍而焚之外兵格鬬火照城中寳驚起徒跣叩芙蓉門呼後樓兵後樓兵亦反矣寳帥家人步走出青陽門遂奔常州士大掠官屬崔綰陸鍔田倍皆死浩奉薛明入府推爲留後領府事寳先

兼租庸副使城中貨財山積是日盡於亂兵之手高駢聞寶敗列牙受賀遣使饋以虀粉寶怒擲之地以通鑑參定

阮結通鑑文德元年正月丙寅錢鏐斬薛明剖心以祭周寶以阮結爲潤州制置使

按新唐書本傳及通鑑寶以光啟三年十二月乙未卒於杭州錢鏐以杜稜守常州命阮結等進攻潤州丙申克之劉浩亡不知所在擒薛明以歸文德元年正月錢鏐斬明以祭寶使阮結守潤州則結爲制置出於錢鏐之命故新唐書僖宗紀文德元年正月丙寅書薛明伏誅錢鏐陷潤州

成及通鑑龍紀元年五月甲辰潤州制置使阮結卒錢鏐以靜江都將成及代之

李順節大順初天武都頭李順節恃恩頗橫不期年領浙西節度使俄加平章事謝日臺吏申中書稱天武相公衙謝準例班見百寮孔緯時爲宰相判止之順節心怏怏他日見孔緯言之緯曰必知公慊也若須此儀俟去都頭二字乃可順節慚縮不敢言以新舊唐書孔緯傳參定

按順節節度浙西當是遥領未必之鎮然命出於朝廷不可不登載

安仁義通鑑景福元年秋七月楊行密表安仁義守潤

州八月以仁義爲潤州刺史仁義以沙陀叛將奔淮南
楊行密大喜屬以騎兵使在田頵右兩人名冠軍中共
攻常州殺刺史杜稜錢鏐方屯潤州一夕遺會孫儒南
略詒書仁義通好以疑行密行密待益厚除行軍副使
乃表仁義爲潤州刺史會田頵詒書行密願上天子常
賦行密不從頵絶行密仁義與頵連和攻昇州刺史李
神福大破頵將王壇仁義焚東塘戰艦夜攻常州不克
轉戰至夾岡立二幟解甲而息追兵莫敢嚮行密遣將
王茂章攻潤州仁義以善射冠軍中又治軍嚴善得士
心戰卒數百濠梁不毀開門闞先告所當中然後射之

茂章等不敢與角行密遣使謂曰吾不忘公功能自歸當復爲行軍副使仁義欲降其子固諫乃止茂章爲地道入城遂克之仁義以家屬保城樓衆不敢逼先是攻城諸將見仁義輒駡之惟李德誠不然至是仁義召德誠登樓謂曰汝有禮吾今以爲汝功且以愛妾贈之乃擲弓於地德誠掖之而下以新唐書田頵傳及通鑑參定

按仁義與頵爲刺史皆出於行密表奏頵能責行密上常賦于天子與仁義叛之二人名義甚正故史臣傳頵于新史以仁義附見則仁義刺潤終始爲唐臣

李鋋舊唐書昭宗紀景福二年三月庚子制以耀德都

頭李鋋爲潤州刺史鎮海軍節度使加特進同平章事
令赴鎮落軍權
按通鑑係景福二年閏五月攷異則云是時安仁義
已據潤州鋋安得赴鎮蓋當時朝議以李茂貞傲侮
王命武臣難制故但欲罷其軍權其實不至鎮而返
錢鏐舊唐書昭宗紀景福二年九月丙寅以武威軍防
禦使錢鏐爲鎮海軍節度浙江西道觀察處置等使仍
移鎮海軍額於杭州
按通鑑攷異時安仁義在潤州鏐安得赴鎮又引吳
越備史駁實錄誤語見敘郡今按五代史舊唐書止據實

錄也歐陽公修方鎮表卻係景福二年徙鎮海節度治杭得非仍舊唐紀與實錄之誤乎

王茂章新唐書楊行密傳天祐二年行密遣將攻拔潤州殺安仁義以王茂章爲潤州團練使

按通鑑天復三年八月行密以仁義舉兵叛已用茂章爲潤州行營招討使擊仁義仁義勇決得士心踰年不克至天祐二年正月茂章乘其怠穴地道而入方克潤州是時朱全忠雖强唐猶未亡茂章爲潤州出於行密之命已不知有唐矣仁義與田頵舉兵逆順甚明但唐之威令不振仁義勢孤爲茂章所破通

鑑天祐二年九月行密以潤州團練使王茂章爲宣州觀察使茂章既爲潤州行密登城見茂章營第曰天下未定而茂章居寢鬱然渠肯爲我忘身乎茂章遽毁損行密病篤召將吏付家事長子宣州觀察使渥因以王茂章代之使渥急還以新唐書楊行密傳及通鑑參定

李德誠南唐書本傳德誠擒安仁義於潤州以功拜潤州留後李建勳傳初德誠守潤州秉燭夜出候者以聞而徐温疑其有變徙鎮江州德誠猶不自安乃遣子建勳入謁温温見之歎曰有子如是非惡人也

按仁義初敗以德誠有禮委首于德誠使爲功則是

王茂章雖能穴城而入擒仁義者實德誠之功也然自天祐二年茂章自潤易宣之後至梁開平四年五月徐温始領潤州觀察使乾化二年温又領潤州刺史鎮海軍節度使按開平四年楊行密次子隆演猶用唐正朔即天祐七年去天祐二年首尾六載徐温未領潤州以前唐傳與五代史皆不載何人守潤則南唐書載德誠拜潤州留後必是茂章爲宣州觀察時況李建勳傳明載德誠守潤秉燭夜出徐温疑其有變則是徐温秉吳政時分明德誠旣徙鎮江州故温領潤州觀察使也天祐二年吳猶用唐正朔合附之唐末

五代潤州刺守

五代合五十餘年有梁唐晉漢周之異而潤州實爲吳與南唐所有南唐至太祖開寶八年方歸版圖則其有潤計七十年然紀年以五代爲正自後梁開平二年以後得十八人曰徐温徐知誥徐知諫徐知詢徐知諤盧文進王輿馬仁裕宋齊邱徐運李金全燕王李宏冀林仁肇趙宣輔嚴續尚全恭盧絳劉澄雖節度觀察團練使權團練事大都督安撫使權潤州事名稱間有不同其實皆在潤州條列如左

徐温通鑑後梁開平二年五月爲浙西觀察使鎮潤州開平二年五月温起復爲内外馬步都軍使領潤州觀察使貞明元年八月庚戌吴以鎮海節度使温爲管内水陸馬步諸軍都指揮使兩節都招討使守侍中齊國公鎮潤州以昇潤常宣歙池六州爲巡屬軍國庶務參決如故本傳初温與張顥皆行密舊將有立渥之功渥死温顥約分其地以臣於梁顥欲背約自立温患之用其客嚴可求計立行密次子隆演顥由此與温有隙諷隆演出温潤州可求謂温曰今捨牙兵而出外郡禍行至矣温驚曰奈何可求曰請爲公圖之因往見顥曰公

出徐公於外人皆言公欲奪其兵權而殺之多言亦可畏也顥曰右牙欲之非吾意也事已行矣安可止乎可求曰甚易也明日邀顥與諸將詣温可求陽責温曰公楊氏宿將今幼嗣新立多事之時乃求居外以苟安乎温亦陽謝曰公等見留不願去由是不行顥使客夜刺可求不能中明日可求詣温謀先殺顥因以弒惡之罪歸之温由是顓政時梁開平二年也至開平四年五月温母周氏卒未幾起復爲内外馬步都軍使領潤州觀察使乾化二年遷行軍司馬潤州刺史鎮海軍節度使同中書門下平章事貞明元年封温齊國公兩浙都招

討使始鎮潤州留其子知訓爲行軍副使秉吳政大事温遥決之以昇潤宣常池黄六州爲齊國温城昇州建大都督府貞明三年自潤徙治之時吳王隆演猶用唐正朔爲天祐十四年以五代史吳世家參定

徐知誥通鑑貞明三年五月吳徐温徙知誥爲潤州團練使貞明四年六月吳朱瑾殺徐知訓知誥在潤州聞難引兵濟江撫定軍府時徐温諸子皆弱温乃以知誥代知訓執吳政知誥卽李昇字正倫爲徐温養子以功拜昇州刺史治城市府舍甚盛温行部至昇州愛其繁富徙鎮海軍治所於昇自鎮金陵以知誥守潤州知誥

不樂宋齊邱密言曰三郎驕縱敗在朝夕潤州去廣陵隔一水耳此天授也知誥悦郎之官三郎謂温長子知訓也知訓爲朱瑾所殺温居金陵未及聞知誥自潤州用宋齊邱策即日以舟兵渡江定亂遂得吳政以南唐世家參定

徐知諫通鑑貞明四年秋七月戊戌吳徐温以知諫權潤州團練事

按通鑑有知諫權潤州年月而無解潤州年月後唐長興二年九月己亥有吳鎮南節度使同平章事徐知諫卒之文然未詳何時節度鎮南

徐知詢通鑑後唐天成四年十一月吳諸道副都統鎮海甯國節度使兼侍中徐知詢入朝於吳徐知誥留知詢爲統軍領鎮海節度使長興二年秋九月已亥吳鎮南節度使同平章事徐知諫卒以諸道副都統鎮海節度使守中書令徐知詢代之知詢徐溫次子知誥之弟知諫之兄知誥秉吳政威權寖盛徐溫欲以親子知詢代之而溫暴卒知詢奔還自以握兵據上流意輕知誥數爭權知誥患之諭使入朝因疏其罪責授左統軍領鎮海節度使召金陵兵還江都斬知詢典客周廷望知詢被譴金陵爲之一空後數歲知詢復起爲潤州節度

使往時幕府皆亡獨李建勳隨之知詢至鎮常會賓佐譚宴終日遂絕顧望移鎮江西卒于任以通鑑及南唐書本傳參定

按通鑑於天成四年長興二年並載知詢爲鎮海節度參以南唐書本傳則長興二年爲潤州節度葢鎮海軍額自徐温徙于昇州温死知詢入朝未以軍額還潤自南唐昇元二年四月遷楊溥於潤州丹陽宮以馬思遜爲丹陽宮使王輿爲浙西節度使通鑑始載輿爲鎮海留後是鎮海軍額此時方歸潤屬後晉天福三年今考長興二年至晉天福三年尚有七年之遠本難附入潤州今據南唐書知詢爲潤州節度

之文卻甚明白是知誥既誅周廷望之後再以知詢典州矣

徐知諤通鑑清泰二年八月吳潤州團練使知諤狎暱小人遊燕廢務作列肆於牙城西躬自貿易徐知誥聞之怒召知諤左右詰責知諤懼或謂知誥曰忠武王最愛知諤而以後事傳於公借使知諤治有能名訓兵養民於公何利知誥感悟待之加厚

按皇朝類苑載知諤在潤州喜奇玩得鳳頭一事則是守潤分明但通鑑作潤州團練使類苑作潤州節度使差有異同然考南唐書載知諤得鳳頭之後嘗

遊蒜山除地爲廣場編虎皮爲大幄率寮屬會於下
號曰虎帳忽遇暴風飄虎帳碎如飛蝶知誥驚遽棄
鳳頭歸數日病卒而類苑載知誥以鳳頭并畫牛一
軸獻後主煜煜持貢闕下則類苑恐傳之失實葢知
誥既病卒初不及事後主

盧文進南唐書本傳後晉天福元年冬晉安遠節度使
盧文進奔吳吳以文進爲天雄統軍宣潤節度使文進
背契丹歸唐明宗以爲善成軍節度徙安遠晉高祖立
與契丹約爲子文進懼天福元年送欵於吳元帥徐知
誥知誥以文進爲天雄統軍宣潤節度使文進南奔屈

身晦迹禮接文士其所談論儀制故事而已未嘗言兵
入爲武衛上將軍病卒以五代史參定
王輿通鑑天福三年夏四月南唐先主李昪以左宣威
副統軍王輿爲鎮海留後南唐先主書四年秋八月鄂
州張宣卒以潤州留後王輿代之本傳自控鶴都虞候
遷左金吾大將軍除浙西節度使
按南唐世家昪元二年楊溥遷丹陽宮以王輿爲浙
西節度使則輿爲節度正爲楊溥設但南唐先主書
以爲潤州留後通鑑以爲鎮海留後必皆有所據徐
温自潤徙鎮海軍於昇昇既都昇復以鎮海歸潤是

則錢鏐雖移鎮海於杭而國初潤州尚存軍額者蓋
吳與南唐存之也
馬仁裕南唐先主書天福四年八月以金吾衛大將軍
馬仁裕出爲鎮海軍節度使留後本傳烈祖受禪遷潤
州節度使明年移鎮廬州徐騎省集有仁裕碑其中云
左輔之地王業所基藩屏京師惟公攸賴乃移使節往
鎮京口慈惠著於郡國威德洽於士心由是齊人向風
朞年報政加同中書門下平章事廬州節度觀察等使
虜不敢犯邊是以宵而察俗之方如南徐之理
按晉天福四年乃南唐昇元三年仁裕正係昇元三

年事故係于晉

宋齊邱通鑑天福八年十二月南唐嗣主李景以中書令宋齊邱出爲鎮海節度使

按通鑑唐侍中周宗年老恭謹中書令宋齊邱立朋黨傾之宗訴於唐主唐主由是薄齊邱出爲鎮海節度使齊邱忿懟表乞歸九華舊隱賜號九華先生五代史李景世家係保大元年齊邱罷相爲浙西節度使保大元年即晉天福八年與通鑑同今考江南野史嗣主及齊邱傳則云齊邱上疏諫嗣主不從未幾出爲潤州節度使旣行韓熙載之徒肆排毀言與親

信陳覺等立朋黨齊邱知之乃歎曰鳥盡兔死則弓藏犬烹矣因表乞歸九華舊隱嗣主與左右皆以爲訴要君上乃賜號九華先生與通鑑載因齊邱立朋黨然後出之差不同

徐運南唐嗣主書開運三年李景以吏部尚書徐運爲鎭海軍節度使

按南唐書止有徐運除鎭海年月係保大四年即晉開運三年而無罷鎭海年月爲徐騎省集有授運太子太保制詞中云爰自京口臨藩克正師律詳其詞意乃是舊鎭江口旋有此授

李金全南唐世家後漢乾祐元年李景以潤州節度使李金全爲北面行營招撫使本傳金全爲晉安遠節度於天福五年叛晉送欵于李昪昪以金全爲天威統軍時昪元四年也後遷潤州節度至李景保大六年卽漢乾祐元年守貞反河中遣其客將朱元求援景以金全爲北面行營招撫使以五代史參定

李宏冀南唐嗣主書乾祐三年李景以東都留守燕王宏冀爲宣潤二州大都督鎭京口宏冀卽李景之長子保大八年鎭潤州卽漢乾祐三年也至後周顯德三年實保大十四年周師至廣陵越兵在常州景恐其逼潤

以宏冀年少不習軍事召還金陵宏冀會將吏問之部將趙鐸曰大王退歸所部必乞以死報國景許之宏冀部分諸將爲戰守之備景乃命龍武都虞候柴克宏將兵救常州克宏未至樞密副使李證古遣使追代之宏冀謂克宏君但前戰吾當論奏乃表克宏才略可以成功克宏大破吳越兵斬首萬級吳越人不敢西嚮者二十年顯德五年還爲皇太子乃李景交泰元年也顯德六年卒有司引浙西靖難之功謚曰武宣句容尉張洎宏冀所薦進士上書更謚文獻以通鑑及南唐書本傳參定

按徐騎省集有宣州開元觀記云主上嗣位之七年

皇室再造之一紀今儲后首台司而握師律鎮京口而領宣城其爲政也質以先正諮於耇老義以果斷仁以發生民力不偷闕政咸舉集中又有使浙西寄燕王侍中詩云京江風靜喜乘流極目遥瞻萬歲樓

林仁肇南唐嗣主書後周顯德五年李景以營屯應援使林仁肇爲浙西潤州節度使宋朝建隆三年李景以潤州節度林仁肇爲神武統軍秋七月以神武統軍仁肇爲甯國軍節度使乾德二年夏鄂州節度使黃延謙卒以宣州林仁肇代之（並南唐後主書）仁肇建陽人周師攻淮甸仁肇出援壽春有功授淮南營屯應援使及割地以

前官鎮潤州徐騎省集有仁肇制詞末云依前檢校太傅兼御史大夫使持節都督潤州諸軍事潤州刺史充鎮海軍節度使浙江西道管内營田觀察處置等使仁肇刺潤頗有功能善撫養士卒後移鎮武昌以南唐書江南野史仁肇傳參定

按本傳不載仁肇建隆中移宣州止載移鎮武昌度是時仁肇仍踵燕王宏冀故事鎮潤而領宣非移鎮甯國也參考其歲月仁肇在潤整六年

趙宣輔字仲甫南唐後主李煜時充宣歙常潤等道安撫使以刺舉無避爲權臣所排徐騎省集宣輔墓志銘

嚴續乾德三年夏五月李煜以司空平章事嚴續爲潤州節度以九朝通略南唐後主書參定乾德四年十二月南唐潤州節度嚴續卒南唐後主書嚴續可求之子後主即位自左僕射改司空平章事其後唐國幾務多歸樞密院續議論不與之同乃求罷出爲潤州節度鎮浙西逾年卒於私第以九朝通略南唐書本傳參定

尚全恭字子初李煜即位自龍安軍使以潤州監軍使權領州事善于爲政大洽民謠逾歲召還徐騎省集全恭墓銘墓銘云在潤州逾歲召還遙領饒州觀察使兼左龍衞神武護軍固辭兵柄遂知建州涖政三年會都下受兵羽

檄相望全恭憂憤成疾以甲戌歲冬十一月卒

按甲戌歲乃宋朝開寶七年自甲戌逆數卽全恭在

潤爲開寶分明

盧絳江南野史本傳開寶八年李煜以凌波軍都虞候

盧絳爲潤州節度使守太師事迹具攻守形勢

劉澄長編開寶八年李煜以侍衞都虞候劉澄爲潤州節度使留後澄宣城人後主擢爲潤州節度使留後及吳越兵至澄通降欵九月戊寅澄帥將吏開門請降潤州平餘見攻守形勢

按南唐後主書以劉澄盧絳事具載之開寶七年通

略長編皆載之八年九月乃据潤州平之歲月書然
考尙全恭自潤移建之後至盧絳劉澄以前五六年
間潤守姓名尙有遺失更俟來者多聞有考

嘉定鎮江志卷十四終

嘉定鎮江志卷十五

總目 缺

宋潤州太守

壁記紹興十九年重立在府治正廳之東壁中書舍人李南壽文自治平以前多闕軼僅得十一人復不省其序以丁德裕爲首前志得其所遺者八曰魏玹曰孫冲曰王隨曰席平曰龐籍曰李絢曰劉立之曰鞠眞卿皆以世之先後附入然所遺不止此按皇朝文鑑滕宗諒撰王昱墓志昱字公旦咸平初登第仕桐城簿四轉至

屯田度支員外郎知柳州知南康軍召還隸職中秘出守潤州逾年移牧武昌再丁內艱以度支郎復召居閤下歲久以便鄉求知邵武軍得請遂老於家以景祐二年考終審此則昱守潤當在仁宗之初又沈周括之父也守潤爲治簡易訟有可已者輒諭以義使歸思之獄以故少事見王安石撰墓志銘長興集夢溪自志云考諱周慶歷中太常少卿計其守潤在仁宗朝無疑又長編王古知潤州九朝通略范致虛虞策知潤州皆在徽宗朝又夏竦集有上潤守陳麗

天書類說載陳亞郎中知潤州無治狀二人歲月未詳强祠部集有賀潤守曹殿丞啟蔡襄集有回潤守章郎中啟王元之集有寄潤州趙舍人二詩已見京口集而又有哭潤州職方詩如送牛學士知潤州詩元之集不載而見唐宋類詩詔從書殿理江干江外生民識諫官京口浪花迎棹白海門山色入樓寒茅君仙洞披圖見張祜詩牌拂蘚看他日政成無事了好吟詩句寄長安然五人皆不得其名

丁德裕開寶八年九月乙酉潤州降就命東南路行營都監內客省使丁德裕爲常潤等州經略巡檢使以九朝通

晬長編
參定

劉蒙正

王明

柳開太宗征河東開從駕督糧適常潤有小寇遂以開知常州徙潤州

秦羲

魏瓘 瓘玫皆禮部侍郎羽之子

林濰 三司使特之子

牛學士

趙舍人忘其名 王元之嘗贈以詩則二人與元之同時

魏玠以玠傳前後履歷考之當在眞宗初

陳麗天知潤州日夏竦爲丹陽主簿以書上之竦以景德四年中制科則麗天守潤乃景德間

孫冲咸平末擢甲科初任倅晉四轉而典是郡當在眞宗時

王昱

王隨本傳言乾興初在通州丁母憂既而起復守潤計其時當在仁宗朝

李穀天聖初自主客郎中守潤得之羅漢院銅鐘

龎籍守潤在天聖景祐間京口集有范文正仲庵寄潤守龎醕之詩二首

范仲淹景祐四年十二月以吏部員外郎自饒徙潤范文正公集有到任謝表

席平慶歷三年五月乙酉平自使御史出爲潤州中丞王拱辰言其議論無取故出之

李絢杜岐公衍爲宰相表任天下名士與參政事其所置臺省要官皆高材顯人不利衍者則詆以爲朋黨故絢亦坐謫守潤

劉立之歐陽脩銘其墓言守潤有能聲考其歷任當在慶歷間

錢彥遠內相希白之子慶歷六年八月癸卯御崇正殿策試賢良方正能直言極諫彥遠時爲太常博士策入

第四等擢祠部員外郎知潤州京口集有紫微舍人劉敏送潤州錢祠部詩尋召爲右司諫

王琪慶歷間以館職守潤召修起居注皇祐間再以度支員外郎龍圖閣待制守潤治平初又以樞密直學士守潤

張昇壁記在范仲淹前誤皇祐中自御史知雜論張堯佐事出守潤

孫夷甫壁記作余夷甫在仲淹前據至和中脩郡廳石記乃集賢殿脩撰孫夷甫繼張昇之後

陳亞自郎中出守潤無治狀見類說　按亞與蔡襄同時必是仁宗末年

沈周括之父守潤在仁宗時

章郎中忘其名蔡襄集有囘潤州章郎中啓

潘夙

裴煜京口集有裴徽舍人劉攽送潤守裴如晦詩

錢公輔

余良肱

王琪樞密直學士

曹殿丞忘其名初以殿丞守潤後在潤轉國子博士又

轉虞部强祠部集有賀潤守曹殿丞三啓狀

李及之光禄卿

孔延之司封郎中

滕甫翰林侍讀學士

孫覺熙甯八年十月辛亥前右司諫直集賢院孫覺知潤州初覺知廬州喪祖母以嫡孫解官持服而覺有叔父在有司以覺不當解官故有是命而覺已去廬州亦不赴潤州也壁記有孫覺姓名姑存之

王安禮直集賢院熙甯八年因呂惠卿言出守潤强祠部集有代王潤守到任謝表

徐億職方郎中

呂嘉問大理寺丞元豐二年以直昭文館守潤坐報上不實落職而去

盧秉集賢殿脩撰

鞠真卿 事見神宗實錄

許遵朝議大夫元豐壬戌守潤至之日歲荒民饑躬爲之發廩歲凶民疫躬爲之發藥大抵以仁蒞政於是人說氣和雨暘應之比其次年麰登於夏稻登於秋蠶者衍絲績者衍麻京口集有元章簡絳寄潤守許朝議詩

朱服直龍圖閣元祐元年守潤京口集有蔡肇送朱行中守潤詩

趙揚秘閣校理東坡大全集有趙揚知潤誥詞

楊傑朝散郎元祐初自尚書郎守潤未幾被召辭不赴就移浙西憲 按無爲集有楊傑誥詞

蔡卞龍圖閣待制守潤俞㮚後再以觀文殿學士守潤州

王覿直龍圖閣元祐三年五月自諫官除職守潤建中靖國元年再自翰林學士除職守潤

林希元祐四年以集賢殿脩撰守潤後進職龍圖閣待制

張耒直龍圖閣元祐末罷右史除職守潤集中有謝執政啟

崔公度朝請大夫守潤張耒後再以朝議大夫守潤

王悆朝請大夫

龔原集賢殿脩撰元符已卯守潤

王古元符三年二月以集賢殿脩撰守潤

傅燮中大夫

曾布崇甯元年六月以觀文殿大學士守潤

葛蘩朝請大夫

范致虛崇甯三年十二月以樞密學士守潤

虞策崇甯五年十二月以吏部尚書爲龍圖學士守潤

周穜直秘閣

葉口朝請大夫

盧航直龍圖閣

劉拯龍圖閣直學士大觀四年召爲吏部尚書
俞㮚顯謨閣待制大觀四年自給事中除職守潤
林虙希之子朝奉郎政和三年守潤宣和中毛友後再
以秘閣脩撰守鎭江
韓跂朝請大夫
李圖南述古殿直學士
林震朝奉大夫
蔡居厚顯謨閣待制
毛友宣和二年自翰林學士除龍圖閣待制守鎭江㦝
柯集有毛友到任謝表後進職顯謨閣直學士林虙後

再以龍圖閣學士守鎮江爛柯集有謝表

沈純誠

虞奕龍圖閣學士

張汝舟直秘閣

李堯文直秘閣

柳庭俊述古殿學士

趙億右文殿脩撰浮溪集有代作謝表後除廣南東路
轉運使

梅執禮顯謨閣待制宣和初爲給事中與時相王黼論
事不合改禮部侍郎黜守蘄守滁王黼罷相復職知鎮

江靖康初以翰林學士召
蔡儵資政殿學士
李皓顯謨閣待制
趙子崧延康殿學士建炎元年
錢伯言樞密直學士建炎二年
葉煥朝散大夫充徽猷閣待制知鎮江府充浙西路安
撫使後落職提舉亳州明道宫北海集有葉煥誥詞
陳邦光徽猷閣直學士
胡唐老自衢州除徽猷閣待制知鎮江府浙西路安撫
使北海集有胡唐老制詞

劉光世建炎四年六月丙戌以劉光世爲浙西安撫大
使知鎮江府中興制草有授劉光世開府儀同三司集
慶軍節度使制
胡世將徽猷閣待制後再以徽猷閣直學士紹興六年
十二月辛酉御筆除世將爲給事中
沈晦徽猷閣待制紹興四年
沈與求龍圖閣學士知鎮江府兼兩浙西路安撫使
李謨直寶謨閣知鎮江府劉甯止後再以直寶文閣知
鎮江府
劉甯止秘閣修撰

曾開徽猷閣待制
劉岑徽猷閣待制
程邁徽猷閣待制
孟忠厚開府儀同三司京口集有內翰汪藻贈忠厚詩
二首
郭仲紹興十年十月初淮東宣撫使張俊薦仲有才遂
令知鎮江
劉子羽徽猷閣待制紹興十一年知鎮江府兼鎮江安
撫使襄陽張子徽集有代劉潤州到任謝表
鮑琚直敷文閣

汪藻顯謨閣學士浮溪集有到任謝表并罷除宮觀謝
表
蔣璨直龍圖閣
鄭滋顯謨閣直學士
榮嶷右朝散大夫
曾涫右朝請郎
黃穆厚左朝請大夫紹興十九年八月到次年改知泰
州
張柟左朝請大夫紹興二十年七月到二十一年改知
衢州

張匯右中奉大夫直徽猷閣紹興二十一年九月到尋
除兩浙轉運副使
王循友右朝散郎紹興二十一年十月到二十三年改
知建康府
張偁左中奉大夫紹興二十五年三月到七月召赴行
在所
蔣及祖左朝奉大夫紹興二十五年九月到次年宫祠
林大聲左朝請大夫直秘閣紹興二十六年七月到十
月宫祠
董苹右朝請大夫金部郎中淮東總領紹興二十八年

三月除直秘閣知府十二月除司農少卿

楊揆右朝請大夫充敷文閣待制紹興二十八年到二
十九年改知湖州

鄭作肅左朝議大夫直秘閣紹興二十九年閏六月到
三十年七月去

趙公稱左朝奉郎直秘閣紹興三十年八月到三十二
年九月代

方滋右朝請大夫紹興三十二年九月到隆興元年正
月代二年八月再以左中奉大夫直敷文閣知府乾道
元年除兩浙轉運副使

朱夏卿右朝散郎直龍圖閣隆興元年二月到二年正
月罷
李直右朝議大夫直寶文閣隆興元年八月到次年除
太府少卿
呂擢右朝散大夫直徽猷閣乾道元年三月到次年除
直龍圖閣再任除司農少卿淮東總領
陳天麟左朝散郎敷文閣待制乾道四年七月到六年
罷
蔡洸端明殿學士襄之孫乾道庚寅三月以戶部郎官
總餉淮東纔數日會復置大漕總司之在京口者省之

就命爲守尋加直秘閣明年總司復舊兼攝五月除司農少卿再領兵餉又明年陞正卿再入奏計面賜金帶

宋晛故相莒公之族孫乾道辛卯復右太中大夫集英殿脩撰守鎮江九月到明年詔賜金帶九月被旨奏事既對而罷

黃鈞乾道壬辰九月自兵部侍郎除集英殿修撰守鎮江十月到次年十二月改知廬州

張津敷文閣學士右朝議大夫乾道九年十二月到

沈复資政殿大學士中大夫淳熙二年十月到四年六月改知福州

呂正已朝請大夫直顯謨閣淳熙四年八月到次年閏
六月改除浙西提刑依舊權府
司馬伋中奉大夫徽猷閣待制淳熙五年七月到次年
三月陞寶文閣待制改知平江府
曾逮朝奉大夫充集英殿修撰淳熙六年四月到八年
十一月宮觀總領宇文子震暫權
潘緯朝散郎淳熙八年八月到次年三月改知台州
錢良臣正奉大夫淳熙九年三月到次年四月除端明
殿學士九月改知建康府
耿秉承議郎直龍圖閣淳熙十年十月至十三年閏七

月改知明州總領吳琚暫權時三縣合催畸零稅總爲
錢三千餘貫被擾者數萬家秉下令蠲之而代以公帑
之羸民至今猶思之
蓋經中大夫淳熙十三年九月到十一月宫觀
張杓朝奉郎淳熙十三年十二月到次年八月被召除
權戸部侍郎
張子顔顯謨閣直學士通奉大夫淳熙十四年九月到
紹熙元年三月被召除戸部侍郎
葉翥煥章閣直學士朝議大夫紹熙元年四月到十二
月被召

趙彥逾朝議大夫集英殿修撰紹熙二年二月到次年十月除戶部侍郎
馬大同朝議大夫煥章閣待制紹熙三年十二月到五年九月宮觀
陳居仁通奉大夫煥章閣待制紹熙五年十月到慶元二年五月陞寶文閣待制改知福州
楊大灋朝奉大夫集英殿修撰慶元二年七月到三年八月宮觀總領朱晞顏暫權
萬鍾中大夫秘閣修撰慶元三年九月到次年十二月除司農卿總領沈作賓暫權

張叔椿華英閣學士中大夫慶元五年五月到十月致
仕總領薛紹暫權
李沐華文閣學士朝散大夫慶元六年四月到嘉泰元
年八月除徽猷閣學士改知潭州
黃由華文閣直學士通奉大夫嘉泰元年九月到次年
十月除寶謨閣學士改知慶元府
張孝伯華文閣學士朝議大夫嘉泰二年閏十二月到
三年九月被召除同知樞密院事總領梁季珌暫權
辛棄疾朝議大夫寶謨閣待制嘉泰四年三月到開禧
元年六月十九日改知隆興府七月初五日宮觀

李大異朝奉大夫敷文閣待制開禧元年七月十八日
到二年六月十九日除徽猷閣待制改知婺州
宇文紹節中大夫寶文閣待制開禧二年八月十九日
到三年二月十六日奉旨令赴行在奏事除兵部尚書
沈作賓大中大夫龍圖閣待制知平江府兼督視江淮
軍馬行府參贊軍事三月二十一日暫權府事三月二
十四日改差知鎮江府仍舊參贊軍事是年六月句祠
二十四日得請總領葉籈暫權
錢廷玉通直郎直秘閣開禧三年七月二十九日到當
年十二月十三日罷總領葉籈暫權

趙師異通議大夫嘉定元年正月初五日到當年七月十三日復寶謨閣直學士與宮觀總領葉籈暫權八月致仕浙西提刑汪文振被旨權淮東總領兼權鎮江府事

俞烈中奉大夫集英殿修撰嘉定元年十一月初五日到三年二月十五日宮觀總領林祖洽暫權

傅伯成中奉大夫寶謨閣待制嘉定三年六月二十八日到四年七月十五日除煥章閣待制依所乞宮觀總領錢仲彪暫權

宇文紹彭中大夫右文殿修撰嘉定五年三月二十五

日到六年八月十九日改知漢州緫領錢仲彪暫權
史彌堅中大夫寶文閣待制嘉定六年九月二十八日
到八年九月五日除寶謨閣直學士依所乞宮觀

總目 缺

敘 缺

晉宋齊梁陳大小中正以下

大中正

按通典魏司空陳羣以天臺選用不盡人才擇
州之賢有識鑒者爲中正自拔人才銓定九品
州郡皆置晉宣帝加置大中正故有大小中正

杜佑考究甚明然附於州佐之後郤未爲允考晉宋齊梁陳大小中正見於南徐州郡者甚多有先爲令僕而爲之者亦有自中正而爲令僕者亦有爲令僕而領中正如故者似未可概以州佐目之蓋羣建議以吏部不能審覈天下士故令郡國各置中正取本土德望渾全才識純盛者居其任差次人才爲九品言行修著則升之上流正議虧缺則降之下列吏部憑以補授百官以五升四以六升五者皆公議之所推美者也有自五退六自六退七者皆公議之所黜

戮者也刺史初臨州大中正選州里才業高者兼主簿從事迎刺史若吏部注擬必下中正訪其爵里及其先世履踐本末天下士流進退黜陟之權不專執於選官之成例而定於鄉閭之公是公非蓋有司徒以律令從事而中正得施筆削於律令之表有司徒以常格選才而中正得以施品藻於常格之外此陳羣所以議立九品中正之官其權甚尊故以之冠於參佐之首

晉伏滔本傳平昌安邱人太元中領本州大中正按宋志南平昌郡有安邱縣隸南徐州在郡爲徐州伏滔事晉孝武時徐州郡縣僑立已久則滔爲本州大中正是徐州

分明矣但平昌郡縣治所今不得而詳然宋志它
州皆無此郡縣名惟南徐有之以下僑郡皆類此

徐邈本傳東莞姑幕人家於京口孝武帝時領本郡大
中正按宋志徐州南徐徐州各有東莞郡而徐州之
東莞郡則無姑幕縣邈所居隸本州分明

徐廣本傳邈之弟義熙六年領徐州大中正

江夷宋書本傳濟陽考城人歷侍中領本州大中正

羊規劉裕臨徐州辟大中正梁羊
侃傳

檀韶宋書本傳高平金鄉人世居京口義熙九年領本
州大中正

宋王鎭之本傳琅邪臨沂人高祖踐阼領本州大中正

王球本傳琅邪臨沂人元嘉中領本州大中正

蕭思話本傳元嘉二十四年領南徐州大中正
江湛本傳濟陽陽城人元嘉二十五年爲侍中領本州大中正
齊王延之本傳瑯邪臨沂人建元四年遷中書領本州大中正轉左僕射特進中正如故
梁王份本傳爲南徐州大中正
蕭琛本傳普通元年領南徐州大中正
蕭子雲本傳大同二年領南徐州大中正後復爲侍中國子祭酒再領大中正
王沖陳書本傳紹泰中累遷尚書左僕射領南徐州大

中正
陳江總本傳天嘉間領南徐州大中正後遷左民尚書
太子詹事中正如故
王通本傳廢帝卽位領南徐州大中正
王固本傳太建間遷南徐州大中正
徐陵本傳太建七年領南徐州大中正轉侍中太子少
傳大中正如故

中正

宋王琨齊書本傳瑯邪臨沂人元徽中遷本州中正
齊江斅本傳濟陽考城人永明初遷侍中領本州中正

王儉本傳琅邪臨沂人永明三年領本州中正
王奐本傳琅邪臨沂人永明四年遷右僕射本州中正
奐無學術以事幹見處還尚書僕射中正如故
王晏本傳琅邪臨沂人永明九年遷侍中領本州中正
後改授散騎常侍金紫光祿大夫轉左僕射加侍中尚
書令後將軍進驃騎大將軍並領中正如故
徐孝嗣本傳東海郯人建武間轉尚書令領本州中正
蔡約本傳濟陽考城人領本州中正
臧未甄爲南徐州中正梁臧盾傳
梁徐勉東海郯人天監元年遷本邑中正

軍司

按通典晉世都督諸軍爲上監諸軍次之督諸軍爲下軍司亦監軍之職初隗囂軍中嘗置軍師至魏武帝又置師官四人晉避景帝諱改爲軍司凡諸軍皆置之晉史南北史爲軍司者不止蔡謨今以徐州條出止蔡謨郄曇二人

晉徐謨先爲太常徐州刺史郄鑒疾篤上疏曰臣所統錯雜率多北人或逼遷徙或是新附百姓懷土皆有歸本之心臣宣國恩示以好惡處與田宅漸得少安聞臣疾篤眾情駭動若虜北渡必啟寇心大常臣謨平簡直

正素望所歸謂可以都督徐州刺史詔以蔡謨爲太尉軍司

郗曇通鑑升平二年徐兖二州刺史荀羨有疾曇以御史中丞爲羨軍司

監軍

晉孟昶義熙五年徐州刺史劉裕抗表北討以丹陽尹昶監中軍留府事宋高祖紀

宋檀道濟以丹楊尹出監南徐兖之江北淮南諸郡軍事

知留府事

敘缺

梁陳曇朗陳書本傳霸先刺南徐州誅王僧辯留曇朗鎮京口知留府事

徐度陳書本傳紹泰元年霸先制南徐東討杜龕奉敬帝幸京口以度領宿衛并知留府事

監州

敘缺

齊陸慧曉本傳崔慧景事平出監南徐州

梁陳曇朗本傳紹泰元年監南徐州

陳擬本傳紹泰二年監南徐州至陳永定三年再監州

陳沈君理本傳天嘉四年監南徐州
裴子烈宣帝紀太建十一年領南徐州
沈恪本傳太建十二年監南徐州上遣裴子烈領馬五
百疋助恪緣江防戍
右大小中正至監州缺
晉宋齊梁陳長史司馬以下
長史
宋志諸軍長史六百石者第七品
晉劉遐郄鑒傳鎮江口寢疾上疏遜位以府事付長史
劉遐按成帝紀咸和元年徐州刺史劉遐卒以郄鑒領徐州今郄鑒死以府事付長史劉遐當是别一劉

遐偶同姓名耳又按褚裒傳永和初召裒將以爲揚州
錄尙書事吏部尙書劉遐說裒遜會稽王恐郗鑒長史
劉遐當是
此劉遐也

郄愔本傳褚裒鎭京口以愔爲長史

荀羨本傳褚裒鎭京口以羨爲長史既到裒謂佐史曰
生資逸羣之氣將有冲天之舉諸君宜善事之

王胡之褚裒鎭京口胡之爲長史裒被召爲揚州錄尙
書事胡之勸裒固辭歸藩褚裒傳

殷仲堪本傳謝元鎭京口以仲堪爲長史厚任遇之時
仲堪致書於元曰□□之後中原子女鬻於江東者不
可勝數骨肉星離荼毒終年怨苦之氣感傷和理當世

大人既慨然經略將以救其塗炭而使至此良可歎息願節下宏之以道德運之以神明隱心以及物垂理以禁暴使足踐晉境者必無懷感之心枯槁之類莫不同漸天潤仁義與干戈並運德心與功業俱隆實所期於明德也德音一發聲振沙漠二寇之黨將靡然向風何憂黄河之不濟函谷之不開哉元深然之

袁湛宋書本傳桓脩刺徐州湛出補撫軍長史

謝方明本傳劉道憐鎮京口方明爲長史劉裕命府內衆事皆諮決之隨府轉中軍長史以道憐傳參定

宋張劭元嘉中衡陽王義季鎮京口劭爲長史與隱士

戴顒姻通戴顒傳

沈曇慶自曇慶至齊劉繪凡長史十八人並詳見行事南東海太守

羊元保

江湛

袁淑

何偃

江智淵

庾徽之

王僧虔

蕭惠開

沈文季
王續
江概
齊謝朏
江謐
盧悰
江祀
陸惠曉
劉繪
沈佚之江夏王寶元刺南徐佚之爲長史寶元傳

范岫自岫而下至梁張纘凡長史十人
范岫並詳見行事南東海蘭陵太守

蕭琛

蕭秀

梁王份

謝謖

王泰

王僧孺

孔休源

褚球

張纘

謝哲本傳陳霸先刺南徐州表哲爲長史

蕭濟陳霸先傳霸先以征北大將軍刺南徐州濟爲明威將軍征北長史

司馬

宋志諸軍司馬六百石者第七品

晉袁喬本傳桓温鎮京口引喬爲司馬

卞眈爲徐州府平北司馬庾希舉兵反自海陵夜入京口城眈踰城奔曲阿發諸縣兵二千擊希希戰敗庾希傳

毛璩本傳譙王恬以鎮北將軍督徐州補璩司馬以譙王恬傳參定

劉牢之本傳王恭刺徐州將討王國寶以牢之爲府司馬

檀韶宋書本傳世居京口爲本州州輔國司馬

刁宏桓修刺徐州宏爲司馬劉裕義軍尅京城宏率文武佐吏來赴劉裕謂曰諸軍非大晉之臣乎宏退宋武帝紀

謝景仁宋書本傳劉裕爲鎮軍將軍徐青二州刺史景仁自司徒左長史出爲劉裕鎮軍司馬

檀道濟宋書本傳義熙中宋公劉裕世子義符爲征虜將軍鎮京口道濟爲司馬

宋陸仲元永初三年長沙景王道憐鎮京口時爲司馬

道憐入朝留仲元居守刁逵子彌爲亡命率數十人入京城仲元擊斬之以宋高祖紀及長沙景王道憐傳參定

顧琛

蕭道成詳見行事

柳世隆詳見南東海太守

何季穆爲建平王景素司馬薦從弟豫之爲參軍景素敗季穆先遷官不及禍景素傳

孫謙爲建平王景素司馬廢帝所生陳氏親戚楊運長忌憚景素密遣儈人周天錫僞投景素勸爲異計景素知爲運長所遣即斬之遣謙送首還臺景素傳

齊王元遜

蕭赤斧

王廣之並詳見南東海太守

陸慧曉本傳晉安王寶義以鎮北將軍刺南徐慧曉爲鎮北司馬

孔矜江夏王寶元刺南徐矜爲司馬崔慧景舉兵寶元密與相應殺孔矜寶元傳

梁沈恪陳書本傳陳霸先討侯景恪起兵相應賊平恪謁霸先於京口即日授都軍副尋爲府司馬從事中郎

宋志諸公領兵者置從事中郎二人加崇者置四人主吏

晉王敬宏宋書本傳劉裕誅桓元以敬宏爲車騎從事中郎

謝方明宋書本傳爲劉裕從事中郎

宋蕭道成齊紀新安王子鸞以北中郎將刺南徐有盛寵簡選僚佐道成爲北軍中郎

徐孝嗣齊書本傳昇明中蕭道成以驃騎大將軍刺南徐孝嗣爲驃騎從事中郎

粱蕭乾陳書本傳陳霸先以司空鎮南徐州引乾爲司

空從事中郎

功曹

宋志都督不帶儀同三司者不置從事中郎置功曹一人主吏在主簿上

晉江逌本傳何充以驃騎將軍刺徐州引逌爲驃騎功曹

徐羨之宋書本傳義熙中劉牢之以鎮北將軍刺徐州以羨之爲鎮北功曹正佐

宋沈璞始興王濬爲南徐州太祖謂璞曰濬既出藩卿當卧而護之與濬詔曰沈璞累年主簿又經國卿雖未

嘗爲行佐今當正參軍耶若爾正當除餘曹兼房任不爾便宜行佐正除中兵恐於選體如不多耳乃爲正佐事見宋文帝詔　按宋書沈約自序竊詳宋太祖語意以沈璞曾爲主簿欲陞遷之以參軍爲卑不欲除璞中兵中兵者主簿中兵參軍也故除正佐

參軍事

宋志除拜則爲參軍事府版則爲行參軍則參軍事乃出於朝廷除命非軍府自除辟劉裕創義從入京城參軍事者自檀道濟至臧熹凡九人列於左

晉檀道濟

檀韶

檀祗

劉粹

向靖以上五人並見宋書本傳參裕建武軍事

臧熹參裕鎮軍事又參車騎中軍軍事宋書臧質傳

沈淵子參裕鎮軍車騎中軍事

沈田子參裕鎮軍軍事宋書沈約自序

臧燾宋書本傳參裕中軍軍事

宋江淹梁書本傳建平王景素以鎮軍將軍鎮京口淹爲鎮軍參軍事

軍府主簿

宋志主簿主閤內事在記室上

晉沈穆夫父警少好學亦通左氏春秋王恭鎮京口命爲前軍主簿與警書曰足下既執不拔之志高臥東南故屈賢子共事非以吏職嬰之也宋書沈約自序

劉穆之宋書本傳劉裕起義克京城問何無忌曰急須一府主簿何由得之無忌曰無過劉道民劉裕曰吾亦識之即馳書召焉時穆之聞京城有叫噪之聲晨起出陌頭屬與信會穆之視不言者久之既而反室壞布裳爲袴往見裕裕謂之曰我始舉大義方造艱難須一軍

吏甚急卿謂誰堪其選穆之曰貴府始建軍吏實須其才倉卒之際當略無見踰者裕笑曰卿能自屈吾事濟矣即於坐受除從平京邑諸大處分皆倉卒立定並穆之所建也復爲府主簿

謝方明宋書本傳從兄景仁舉方明爲劉裕中兵主簿方明事思忠益知無不爲裕謂之曰愧未有瓜衍之賞且當與卿共豫章國祿屢加賞賜

宋蕭惠開本傳元嘉二十六年始興王濬以征北將軍刺南徐惠開爲征北府主簿

何昌寓齊書本傳建平王景素刺南徐昌寓爲府主簿

以夙素見重景素敗後昌寓上書訟景素之寃以宋建平王傳參定

記室

按記室與記室參軍雖皆軍府官然職有崇卑陳蔡景歷傳云景歷爲征北府中記室參軍仍領記室則爲兩職分明宋百官志主簿下自有記室亦自有錄事記室以下十八曹參軍故今條出者次於主簿之下而記室參軍自列於參軍條中

晉徐廣生長京口仕晉爲秘書監武帝受禪悲慼流涕

謂謝晦曰君爲晉朝佐命身是晉室遺老事固不同嘗撰晉紀年八十而終

劉穆之宋書本傳劉裕克京城以穆之爲記室

梁何烱南康王績刺南徐烱爲王府記室與長史王僧孺爲友見僧孺傳

蔡景歷陳書本傳霸先刺南徐景歷領記室霸先將討王僧辨獨與侯安都等數人謀之景歷弗之知也部分旣畢召令草檄景歷援筆立成辭義感激事皆稱旨

督護

宋志督護江左置皆領營有部曲

晉徐龕褚裒鎮京口龕爲督護詳見刺守褚裒之下

顧颺

顧衆颺爲王舒護軍參軍前義興太守蘇峻作逆颺與衆皆起義軍以應舒討峻舒假颺監晉陵軍颺遣前鋒進據無錫遇賊將張健等交戰大敗奔還舒以輕進免颺督護更以衆督護吳晉陵軍見王舒傳　按晉陵此時實治丹徒前督護監晉陵軍則丹徒軍實在焉

王允之蘇峻作逆父舒假節都督行揚州刺史討峻賊將韓晃入故鄣舒以允之督護吳郡義興晉陵三郡征討軍事晃等南走允之追躡於長塘湖在金壇縣復大破之

王舒傳

郭龍庾希舉兵反自海陵夜入京口城龍爲督護集衆拒之庾希傳

劉鍾宋書本傳劉牢之鎮京口鍾爲征北參軍督護

行參軍

宋志行參軍始於蜀丞相諸葛亮晉太傅司馬越府府版則爲行參軍

晉到彥之義熙元年補劉裕鎮軍行參軍宋書監本缺本傳今用李延壽史

宋到撝齊書本傳新安王子鸞以北中郎將刺南徐州

除攜北中郎行參軍
參軍
宋志參軍不除曹者無定員
晉李閎
曹納郤鑒刺徐州閎納並爲參軍詳見攻守形勢
江逌本傳蔡謨刺徐州命逌爲參軍
李充本傳褚裒刺徐州以充爲參軍
荀羨本傳何充鎮京口請羨爲參軍
鄭襲本傳荀羨刺徐州襲爲參軍羨使襲發二州兵戍
淮陰

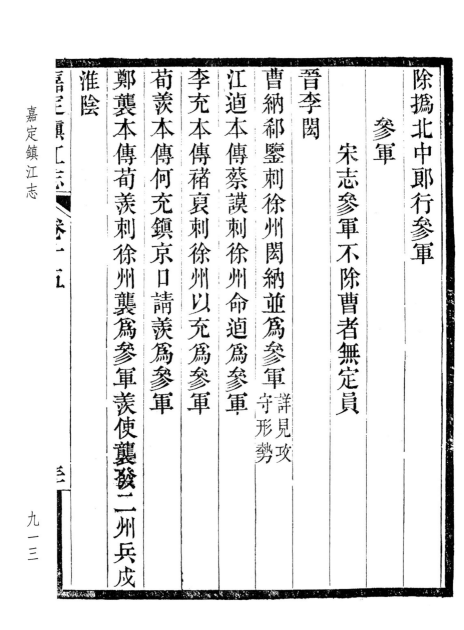

劉奭為徐州平北參軍庾希舉兵反自海陵夜入京口城奭與高平太守郗逸之等集衆拒之庾希傳

劉牢之本傳太元初謝元為徐兗刺史以牢之為參軍

殷仲堪本傳謝元鎮京口請為參軍

殷確曲阿人王恭鎮京口確為參軍王恭傳

劉敬宣宋書本傳王恭鎮京口敬宣起家為王恭前軍參軍以王恭傳參定

沈警厚篤有行業王恭鎮京口與警有舊好引為參軍手書慇懃苦相招致不得已應之尋謝職見宋書沈約自序

劉襲劉牢之刺徐州襲為參軍牢之敗將北奔廣陵相

高雅之欲據江北以拒桓元集衆大議襲曰事不可者
莫大於反而將軍往年反王兖州近日反司馬郎君今
復欲反桓公一人而三反豈得立也語畢趨出見劉牢之傳
朱齡石宋書本傳桓脩刺徐州以齡石爲撫軍參軍在
京口劉裕克京城爲建武參軍裕刺徐州遷武康令又
召爲參軍遷尚書都官郎尋復爲參軍齡石既有武幹
又練吏職裕甚親委之
徐羡之宋書本傳桓脩刺徐州與劉裕同在桓脩府深
相親結裕義旗建版羡之爲鎮軍參軍
庾登之宋書本傳劉裕義旗初建爲裕鎮軍參軍

劉秀之宋書本傳劉裕克京城補裕建武參軍爲孟昶留守

孟龍符宋書本傳劉裕克京城以龍符爲建武參軍

孟懷玉宋書本傳劉裕鎭京口以懷玉爲鎭軍參軍

宋顧邁始興王濬爲南徐州以邁行征北府參軍餘見別駕

祖沖之爲南徐州公府參軍

左暄建平王景素刺南徐暄爲參軍景素舉兵臺軍薄城暄驍果有膽力欲爲景素盡力而兵力甚弱猶力戰不退於萬歲樓下橫射臺軍不能禁然後退散

沈顒建平王刺南徐顒爲參軍景素舉兵臺軍薄城顒

先衆叛走並建平王景素傳後
梁章𢡺陳書本傳陳霸先以征北大將軍刺南徐召𢡺
爲征北參軍
諮議參軍
宋志諮議參軍無定員
晉徐廣宋書本傳義熙初劉裕義旗建使廣撰軍服儀
注乃除鎮軍諮議參軍
袁湛宋書本傳劉裕以湛爲鎮軍諮議參軍
劉粹宋書本傳盧循逼京邑京口任重劉裕使粹以諮
議參軍奉其子義隆鎮京城

宋王諶齊書本傳桂陽王休範以驃騎大將軍刺南徐諶爲驃騎府諮議參軍

柳世隆齊書本傳建平王景素刺南徐世隆爲征北諮議參軍

劉善明齊書本傳蕭道成以驃騎大將軍刺南徐善明爲道成驃騎諮議參軍

齊謝朓本傳建武四年晉安王寶義以鎮北將軍刺南徐朓爲鎮北諮議參軍

柳惔江夏王寶元刺南徐惔爲諮議參軍寶元傳

梁王規本傳晉安王綱爲南徐州高選僚佐引規爲雲

麾諮議參軍

錄事參軍

宋志諸曹有錄事記室戶曹倉曹中兵騎兵長流賊曹刑獄賊曹城局賊曹法曹田曹水曹鎧曹車曹士曹集右戶墨曹凡十八曹參軍前史南徐州可考者惟錄事記室中兵刑獄法曹參軍所謂十八曹者不能備也

晉劉穆之宋書本傳劉裕克京城以穆之爲錄事參軍

宋殷瀰建平王景素刺南徐瀰爲錄事參軍景素舉兵瀰固爭不能景素傳

梁徐摛本傳晉安王移鎮京口摛隨府轉爲安北中錄事參軍

記室參軍

晉羊徽劉裕鎮京口以爲記室參軍掌事宋羊欣傳

宋王螭建平王景素刺南徐螭爲記室參軍景素敗後螭上書訟景素之冤景素傳

蔡履建平王刺南徐履爲記室參軍景素傳

梁蔡景歷陳書本傳陳霸先以征北大將軍刺南徐景歷爲征北府中記室參軍

陳徐伯陽本傳新安王伯固以鎮北將軍刺南徐伯陽

爲鎮北府中記室參軍

中兵參軍

晉徐羨之宋書本傳義熙中桓脩刺徐州羨之爲脩撫軍中兵參軍

宋杜幼文大明三年劉延孫爲南徐州刺史幼文爲中兵參軍南兖州刺史竟陵王誕有罪不受召延孫馳遣幼文率兵起討劉延孫傳

蕭道成齊紀新安王子鸞刺南徐道成爲北軍中兵參軍

垣慶延建平王景素刺南徐慶延爲中兵參軍

刑獄參軍

宋樂藹梁書本傳建平王景素爲南徐州藹爲征北刑獄參軍

法曹參軍

宋劉璡建平王景素刺南徐璡爲法曹參軍景素敗齊建元初璡上書明其寃景素傳

右長史司馬至法曹參軍晉宋迄陳係軍府官是爲府佐通典所謂府官理戎者是也

別駕

晉宋齊梁陳別駕治中以下

宋志爲刺史官屬從刺史行部通典注梁時別駕官品揚州視黃門郎南徐州視散騎常侍隋志載梁官刺南徐別駕爲八班陳官制皇弟皇子南徐州別駕第六品庶姓南徐州別駕第九品

晉徐放爲徐州別駕譙王尚之傳

徐羨之宋書本傳義熙中爲徐州別駕從事史

宋蕭惠開本傳元嘉二十六年始興王濬刺南徐惠開爲別駕

劉瑀始興王濬爲南徐州以瑀補別駕從事史爲濬所

遇瑀性陵物護前不欲人居已上時濬待參軍顧邁甚厚瑀乃折節事邁深布情疑邁以瑀與之欵盡深相感信濬所言密事悉以語瑀瑀與邁共進射堂下瑀忽顧左右索單衣幘邁問其所以瑀曰公以家人待卿相與言無所隱而卿於外宣洩致使人無不知我是公吏何得不啟因而白之濬大怒啟太祖徙邁廣州宋劉穆之傳

劉子卷為南徐州別駕宋劉穆之傳

張永本傳世祖孝建元年臧質反遣永輔武昌王渾鎮京口大明七年上寵子新安王子鸞為南徐州刺史割吳郡度屬南徐州八年起永為別駕從事史召為御史

中丞

張岱齊書本傳永之弟新安王子鸞以盛寵爲南徐州割吳郡屬焉高選佐史孝武召岱謂曰卿美效夙著兼資宦已多今欲用卿爲子鸞別駕總刺史之任無謂小屈終當大伸也

王奐齊書本傳琅邪臨沂人爲本州別駕

齊江祏江夏王鋒刺南徐祏除通直郎補別駕王與之友善以李延壽史蕭鋒傳及祏傳參定

梁臧未甄天監初爲南徐州別駕臧質傳

王泰本傳爲南徐州別駕從事史居職有能名

王勱陳書本傳爲南徐州別駕從事史大同末梁武帝謁園陵道出朱方勱隨例迎候敕勱令從輦側所經山川莫不顧問勱隨事應對咸有故實又從登北顧樓賦詩辭義清典帝甚嘉之

陳周宏實侯安都刺南徐宏實爲別駕安都傳

徐伯陽本傳新安王伯固刺南徐伯陽爲別駕

治中

宋志在別駕之次主財穀簿書隋志載梁官制南徐州中從事爲七班陳官制皇弟皇子南徐州中從事第六品庶姓南徐州中從事第九品

晉王敬宏宋書本傳劉裕誅桓元以敬宏爲徐州治中從事史

宋蕭惠開本傳始興王濬刺南徐惠開爲南徐州治中從事史

王琨齊書本傳琅邪臨沂人爲州治中

梁蕭洽本傳爲南徐州治中旣近畿重鎮吏數千人前後居之者皆致巨富洽爲之清身率職饋遺一無所受妻子不免饑寒

劉遵本傳簡文帝爲晉安王刺南徐遵爲南徐州治中甚見賓禮大同元年卒王爲皇太子深悼惜之令曰吾

昔忝朱方從容坐首良辰美景清風月夜鷁舟乍動朱鷺徐鳴未嘗一日不追隨一時不會遇酒闌耳熱言志賦詩校覆忠賢推揚文史益者三友此實其人

劉苞本傳遷尚書殿中侍郎南徐州治中

蕭眎素本傳遷司徒左西屬南徐州治中居職任情通率不自矜高士人咸敬之

王冏爲南徐州治中有集三卷隋志經籍四

州郡主簿

宋志在治中之次隋志載梁官制南徐州主簿爲二班陳官制南徐州主簿第九品

晉孫泰恩之叔父傳錢唐杜子恭秘術浮狡有小才琅邪王道子都督中外諸軍事以泰爲徐州主簿泰以道術眩惑士庶遂致孫恩之亂見孫恩傳

檀韶宋書本傳世居京口初辟本州主簿

劉鍾宋書本傳先爲京口參軍督護劉裕義旗建版鍾爲郡主簿

朱齡石宋書本傳劉裕鎮徐州補齡石爲徐州主簿

朱超石齡石之弟劉裕喜之以爲徐州主簿齡石傳

江秉之宋書本傳劉裕督徐州轉主簿

王華通鑑歐之子劉裕辟爲徐州主簿初王歐爲王恭

敗於曲阿沙門曇永匿其幼子華使提衣襆自隨津邏疑之曇永呵華曰奴子何不速行捶之數十由是得免遇赦還吳以其父存亡不測布衣蔬食絕交遊不仕十餘年徐州刺史劉裕聞華賢欲用之乃發廞喪使華制服服闋乃辟

宋江斆齊書本傳濟陽考城人桂陽王休範臨州辟迎主簿

王思遠齊書本傳建平王景素刺南徐辟思遠爲南徐州主簿深見禮遇景素被誅左右離散思遠親視殯葬手種松柏與廬江何昌寓沛郡劉璡上表理之事感朝

廷景素女廢爲庶人思遠分衣食以相資贍年長爲備笄總訪求素對傾家送遣

齊范雲竟陵王子良爲丹陽尹以雲爲主簿子良爲南徐州雲隨府遷每陳朝政得失於子良李延壽史本傳監本不載

梁徐崧勉之子舊楊徐首迎主簿盡選國華中正取勉子崧充南徐選首李延壽史本傳監本不載

劉孺本傳彭城安上里人本州召迎主簿彭城郡隸南徐州

江紑本傳濟陽考城人南康王績爲南徐州召紑爲迎主簿以陳江總傳參定

蔡陳證書本傳承聖初陳霸先刺南徐召補迎主簿

西曹書佐

卽漢之功曹書佐也宋官志及隋志載梁陳官制在州主簿之次梁制爲一班陳志第九品

晉徐廣本傳謝元爲徐州辟廣爲西曹

檀韶宋書本傳高平金鄉人初辟本州西曹高平郡隸徐州州西曹卽徐州西曹也

宋檀超齊書本傳高平金鄉人解褐州西曹嘗與別駕蕭惠開共事不爲之下

到坦彭城武原人解褐本州西曹到撝傳南彭城郡有武原縣隸南徐州本州西曹卽南徐州西曹也

王智深齊書本傳瑯邪臨沂人建平王景素爲南徐州作觀法篇智深和之見賞辟爲西曹書佐

王潭建平王景素刺南徐潭爲州西曹景素以潭爲爪牙來去京邑多與金帛要結才力之士景素傳

齊到洽梁書本傳年十八爲南徐州迎西曹行事

梁沈君理陳書本傳陳霸先鎮南徐州辟君理爲府西曹掾

祭酒從事

宋志公以上有東西閤祭酒其位次於主簿而州刺史又自有祭酒從事在西曹書佐之次隋

志載梁陳官制亦同梁制爲一班陳制第九品
今條出者三人非公府祭酒乃州祭酒從事

晉羊規劉裕臨徐州辟規爲祭酒從事（梁羊侃傳）

宋荀伯玉齊書本傳爲南徐州祭酒

王智深齊書本傳琅邪臨沂人解褐爲州祭酒

議曹從事

宋志祭酒從事之次有議曹從事部郡從事通典總論州佐止載部郡從事今條出者議曹從事一人餘十一人止稱從事當是部郡從事隋志載梁陳官制亦在祭酒從事之下梁制爲一

班陳制第九品

齊徐度之爲南徐州議曹從事史陳徐伯陽傳

部郡從事

晉徐廣本傳謝元爲徐州辟廣從事

何無忌本傳東海郯人州辟從事

劉毅宋書本傳彭城沛人家在京口仕爲州從事

檀韶宋書本傳高平金鄉人初辟本州從事

劉道憐宋書本傳謝琰爲徐州命道憐爲從事史

王元謨宋書本傳劉裕臨徐州辟爲從事史與語異之

宋劉悛齊書本傳劉延孫爲南徐州初辟悛從事

蕭諶齊書本傳南蘭陵人爲州從事

祖冲之齊書本傳解褐南徐州迎從事大明六年上言何承天元嘉歷疏舛猶多更造新歷云云上令善歷者難之不能屈以通鑑參定

江淹梁書本傳起家南徐州從事

右别駕治中至部郡從事晉宋迄陳係刺史官屬是爲州佐通典所謂州官理民者是也

宋迄陳郡丞

郡丞

宋志郡丞係第八品在諸縣令六百石之下令

得二人皆佐南徐之僑郡者

宋江淹梁書本傳建平王景素鎭京口淹領南東海郡丞景素與腹心日夜謀議淹知禍機將發乃贈詩十五首以諷會南東海太守陸澄丁艱淹自謂郡丞應行郡事景素用司馬柳世隆淹固求之景素大怒言於選部黜爲建安吳興令

陳徐伯陽本傳新安王伯固刺南徐伯陽帶東海郡丞鄱陽王刺江州伯陽奉使造焉王率府僚與伯陽登康嶺置宴酒酣命筆賦劇韻二十伯陽與祖孫登前成

右南東海郡治京口丞爲郡佐

齊梁典籤文學

按通典王侯封爵門載親王府有典籤二人主宣傳教命今條出者二人意皆以親刺南徐故

典籤

有此職

齊呂承緒江夏王寶元刺南徐承緒爲典籤崔慧景舉兵寶元密與相應殺承緒寶元傳

梁湯道愍南康王績刺南徐道愍爲典籤暱於王用事府內長史王僧孺每裁抑之僧孺傳

文學

按宋志王國公三卿師友文學品列第六而隋志載梁官制徐勉爲吏部尚書定爲十八班多者爲貴位不登二品者又爲七班南徐州文學從事列爲七班今條出者一人乃梁時馬樞考其傳未嘗出仕邵陵王方引爲學士恐非宋官志所載王公文學疑是隋志所載梁官制位不登二品者耳

梁馬樞陳書本傳字要理邵陵王綸爲南徐州刺史素聞其名引爲學士

右 缺

唐副使行軍司馬以下

副使

按通典唐制大總管乃前代專征之任自後改爲節度大使置副使判官以爲寮佐如前代長使以下官然長使司馬是曰官名副使乃爲使職有所改易合隨府主置大使則有副使又按唐官志刺史領使則置副使諸軍各置使一人五千人以上有副使一人萬人以上有營田副使一人又按唐會要開成二年中書門下奏諸道節度觀察都團練使許奏朝官一人充行軍

副使推此則副使乃方鎭參佐之最尊唐志列行軍司馬之下通典列行軍司馬之上通典在前今從通典

唐房武以殿中侍御史副丹陽軍使吏民思之韓昌黎文集

潘孟陽元和初李錡觀察浙西孟陽爲副使主上都留後食貨志

竇庠舊唐書本傳韓臯鎭浙西奏庠爲節度副使殿中侍御史

李位元和五年薛苹鎭浙西位轉侍御史爲都團練副使加著作郎柳子厚集

韋齊休擢進士第爲王璠浙西團練副使大和八年卒於潤州詳見紀異

五代方訥南唐燕王宏冀任宣潤二州大都督以訥爲浙西營田副使徐騎省集

行軍司馬

按通典節度使兼都督置行軍司馬一人在副使下申習法令又唐官志掌弼戎政會要開成四年中書門下奏諸道節度觀察使參佐冗長其行軍司馬望勒停省推此則唐不常置故居是職者無考南唐書得一人

五代徐玠楊吳時徐温出鎮潤昇辟玠爲行軍司馬

幕府幕僚

按通鑑唐書及文集得幕府幕僚五人抑副使

而下參佐之通稱也

唐何士幹通鑑韓滉節度鎮海欲遣使獻綾羅四十檐詣行在士幹爲幕僚請行滉喜曰君能相爲行請今日過江士幹許諾歸别家則家之薪米儲偫已羅門庭矣登舟則資裝器用已充舟中矣下至厠籌滉皆手筆紀列無不周備

李約勉之子通鑑李錡節度鎮海約爲幕僚與轉運判

官盧坦屢諫錡不悛皆去之一事見招隱山
馮定新舊唐書本傳權德輿掌貢士擢居上第後於潤州佐薛苹幕府
杜審權新唐書本傳第進士辟浙西幕府
孟遲嘗在浙西幕府後移淮南幕潤州類集有寄浙西舊僚詩
從事
按通典隋開皇十二年諸州司從事爲名者並改爲參軍唐未嘗再復從事之職今考新舊唐書傳得從事五人始以爲疑及考李紳傳舊唐

書云錡辟紳爲從事新唐書則云辟掌書記劉
三復傳舊唐書云辟爲從事管記室新唐書則
云表爲掌書記而劉禹錫贈三復詩序亦云從
弟三復三爲浙右從事又按會要開成四年中
書門下奏諸道節度使參佐自副使至巡官七
員觀察使從事在數外又五代南唐郝郎中爲
浙西判官徐鉉送以詩云大藩從事本優賢幕
府仍當北固前以數處參考則凡曰從事者亦
幕府幕僚之異名判官支使掌書記等之總稱
爾

唐房孺復先爲淮南節度陳少遊從事少遊卒韓滉節度浙西又辟孺復入幕（房琯傳）

杜式方舊唐書本傳爲晉陵尉浙西觀察王緯辟式方爲從事入爲太子通事舍人

鄭亞擢進士第應賢良制科及書判拔萃連中三科李德裕在翰林亞以文干謁深知之德裕出鎮浙西辟爲從事久之不調會昌初始入朝爲監察御史（新舊唐書鄭畋傳）

張中丞忘其名自浙西從事入臺類集有李德裕贈詩

楊發嘗爲潤州從事弟假收嚴因家金陵（舊唐書楊假傳）

判官

按通典節度使兼都督及採訪使有判官二人分判倉兵騎胄四曹事與副使行軍司馬通僉又唐官志節度觀察團練防禦使各置判官一人在副使行軍司馬之下節度使兼招討使別置判官一人會要開成四年中書門下奏諸道節度判官以一員爲定

唐裴寛新舊唐書本傳景雲中爲潤州參軍刺史韋銑兼按察使寛受知於銑自參軍引爲按察判官舉拔萃爲河南丞遷長安尉

顧況韓滉節度鎮海況從滉爲判官縣成其磊落大績

文粹皇甫湜顧況集序

王澹新舊唐書本傳爲浙西鎮海節度判官元和二年李錡以澹爲留後事見刺守錡敗死贈澹給事中以通鑑參定

周判官忘其名類集有張籍送浙西周判官詩

李判官忘其名杜牧有寄浙西李判官詩樊川集

楊假舊唐書本傳爲浙西觀察判官自浙西入爲監察御史以新書楊收傳參定

顧雲乾符間高駢節度鎮海兼江南行營招討使雲以試秘書省校書郎爲行營都招討判官撰隋故司徒陳杲仁廟碑

五代高越南唐用爲浙西判官就加檢校水部郎中
袁特南唐人自洪州判官爲浙西判官
郝郎中忘其名南唐爲浙西判官徐騎省以詩送之見集中
艾䈴南唐爲浙西判官後遷江都少尹

支使

按通典舊唐書官志並無支使惟新書官志節度觀察使有支使一人次於判官

唐姚南仲新舊唐書本傳韓滉觀察浙西南仲自推官奏授殿中侍御史內供奉充支使尋召還四遷爲御史

中丞

邢羣牧盧商鎮京口羣牧復以大理評事應府命再爲浙西觀察推官轉支使補闕杜牧薦於御史中丞孔温業温業曰願聞其爲人牧具以羣牧京口事對旬日詔下爲監察御史樊川集

掌書記

按通典節度使兼都督掌書記一人掌表奏書檄又唐官志掌朝覲聘問慰薦祀祝之文次於支使

唐李紳新舊唐書本傳元和初登進士第釋褐國子助

教不樂輒去東歸金陵節度使李錡愛其才辟掌書記
舊傳云辟爲從事 錡浸不法賓客莫敢言紳數諫不入欲去不
許會使者召錡稱疾即脅使者爲衆奏天子幸得留錡
召紳作䟽坐錡前紳陽怖栗至不能爲字下筆輒塗去
盡數紙錡怒罵曰何敢爾不憚死邪對曰生未嘗見金
革今得死爲幸即注以刃令易紙復然或言許縱能軍
中書紳不足用召縱至操書如所欲即囚紳獄中將殺
紳錡誅乃免或欲以聞紳謝曰本激於義非市名也乃
止久之朝廷嘉之召爲右拾遺
劉三復新舊唐書本傳長慶中李德裕觀察浙西三復

以所業文詣謁德裕奇其文表爲掌書記舊傳云辟爲從事管記室三復長於章奏德裕三爲浙西凡十年三復皆從之汝州刺史劉禹錫以宗人遇之深重其才嘗爲詩贈三復序曰從弟三復三爲浙右從事往年主公入相薦用登朝中復從公之京口未幾而罷昨以尙書員外郎奉使至潞旋承新命改轅而東三從公皆在舊地證諸故事復無其比杜牧亦有送浙西劉三復赴闕詩以劉禹錫杜牧文集參定

五代喬輔舜南唐時宋齊邱聞輔舜之名辟置門下每爲文賦詩詠輒加稱賞累遷屯田員外郎從齊邱出藩

自洪州掌書記爲浙西掌書記徐騎省集

田書記忘其名南唐燕王宏冀移鎮京口徐鉉得浙西郝判官書未及報因寄詩幷問方判官消息末云今日京吳建朱邸問君誰共曳長裾徐騎省集

推官

按唐官志節度觀察團練防禦使各置推官一人並次於判官書記刺史領使亦置推官

唐姚南仲新舊唐書本傳擢制科韓滉表爲推官

邢羣牧王璠觀察浙西羣牧爲幕府吏璠峭重入幕多賢士轉觀察推官樊川集

五代李推官忘其名類集有僧齊已寄浙西李推官詩按李建勳有酬已公見寄詩則李推官乃吳與南唐時人

顧彥回南唐時自丹徒令爲浙西推官徐鉉嘗有詩贈之云盛府賓僚八十餘閉門高臥興無如粱王苑裏相逢早潤浦城中得信疏徐騎省集

巡官館驛巡官附

按唐官志節度觀察團練防禦使各有巡官一人在推官之下衙推之上節度使兼度支使別置度支巡官一人而節度使又自有館驛巡官隸於巡官衙推同節度副使之下則是巡官與

館驛巡官又自有等級潤得四人內二人爲團練度支巡官二人爲館驛巡官

唐邢羣牧王璠鎮浙西羣牧爲團練巡官京口繁要遊客所聚易生譏議璠行事有不合理言者不入羣牧必能奪之同舍以爲智不以爲顓璠以爲賢不以爲僭公事宴懽羣牧口未言足未至闕若不圓再遷度支巡官樊川集

杜顗新舊唐書本傳舉進士授秘書省正字李德裕奏爲浙西團練使巡官德裕貴盛賓客無敢忤旨惟顗數諫正及德裕貴袁州言於親吏曹居實曰如杜巡官愛

我之言若門下人盡能出之吾無今日德裕在袁州顗客居淮南牛僧孺欲辟顗爲吏顗謝曰李公在困未願仕宦僧孺歎美始顗仕浙西兄牧以詩送樊川集

姚顗爲浙西館驛巡官宰相世系表

徇慤爲潤州館驛巡官徐騎省集

隨軍

按通典節度使兼都督置隨軍四人分使出入

唐官志巡官之下又有府院法直官要籍逐要親事各一人然後隨軍次之

唐韓滉故人子滉久在二浙所辟僚佐各隨其長無不

得人有故人子謁之一無所長涀與之宴竟席未嘗左右視後數日置爲隨軍使監庫門其人終日危坐吏卒無敢妄出入者通鑑

右自副使至隨軍是爲幕府參佐因節度觀察團練防禦招討等使置

嘉定鎮江志卷十五終

嘉定鎮江志卷十六

總目缺

唐別駕長史司馬以下

別駕

按唐六典通典官志會要武德元年改郡丞曰別駕永徽二年改別駕爲長史舊紀會要係貞觀二十三年上元二年諸州復置別駕永隆元年省永淳元年復天寶八年省至德中復德宗時省文宗時用宰相韋處厚議復中都督府別駕一人正四品下上州別駕一人從四品下在長史司馬之

上掌貳府州之事紀綱衆務通判列曹歲終與

長史司馬更入奏計

唐李潔爲潤州別駕宗室世系表

司馬貞開元間爲潤州別駕有史記索隱三十卷藝文志

歸崇敬新舊唐書本傳治禮家學歷潤州別駕未幾有事橋陵建陵召還參掌儀典改主客員外郎兼史館修撰

按新書本傳作別駕舊本傳作長史然舊書禮儀志亦載崇敬爲潤州別駕當是別駕也

長史

隋爲郡官唐初無丞徽二年改别駕爲之其後
二職並置王府都督府諸州皆有長史一員掌
統官僚紀綱職務中都督府長史正五品上州
長史從五品上次於别駕
唐姜皎新唐書本傳中宗時爲潤州長史元宗即位召
拜殿中少監
顔元孫先天中爲潤州長史本州漢荆王廟碑云舊德
名家鴻才碩學端右一州羽儀當代
高紹開元七年自長安令左遷潤州長史爲季子碑陰
記

邢長史忘其名潤州類集有僧皎然贈潤州長史邢端公詩

司馬

敘缺

唐薛訥爲潤州司馬事見先天荊王廟碑

李嶠新舊唐書本傳高宗時爲給事中酷吏來俊臣陷狄仁傑嶠覆其獄列其枉狀忤旨出爲潤州司馬詔入轉鳳閣舍人

劉延嗣文明初爲潤州司馬屬徐敬業作亂率衆攻潤州延嗣與刺史李思文固守不降俄而城陷敬業執延

嗣邈之令降辭曰延嗣世蒙國恩當思效命州城不守多負朝廷終不能苟免偷生以累宗族豈以一身之故爲千載之辱今日之事得死爲幸敬業大怒將斬之其黨魏思溫救之獲免囚於江都獄敬業敗錄忠當敘竟以裴炎近親不得敘功遷梓州長史以新書劉昇傳舊書劉得威傳參定

成敬荷爲潤州司馬先天中修本州判王神祠州人孫處元爲撰碑

李元紘新舊唐書本傳爲好畤令遷潤州司馬以辦治得名

令狐滔爲丹陽郡司馬宰相世系表

陶司馬忘其名潤州類集有薛據題丹陽陶司馬廳詩
王司馬忘其名類集有郎士元送王司馬赴潤州詩
武就爲潤州司馬宰相世系表
鄭徵爲潤州司馬白氏長慶集
雲朝霞教坊樂工自左驍衛將軍宣授兼揚州司馬宰
臣奏揚府司馬品高不可授賤工補闕魏謩亦累疏乃
改授朝霞潤州司馬以新舊唐書魏謩傳及會要參定
五代陳彥謙通鑑後梁貞明二年楊吳用爲潤州司馬
五月徐溫愛昇州繁富彥謙勸溫徙鎮海軍治所於昇
溫從之以彥謙爲鎮海節度判官溫但舉大綱細務悉

委彥謙江淮稱治

郡丞

隋置贊治後改爲郡丞唐廢郡丞矣然考文集乃有岑顧二人豈即别駕長史司馬而文其稱謂乎

唐岑郡丞忘其名潤州類集有岑參送樊夫子歸江甯因寄家兄丹陽郡丞詩

顧況自鎮海判官入佐著作郎衆排爲江南郡丞唐文粹皇甫湜顧況集序

類集載段安節樂府錄言望江南曲始自李太尉鎮

浙西日爲亡妓撰本名謝秋娘後改曰望江南亦曰夢江南蓋德裕所謂江南多指京口故熊克類集補遺亦以況爲郡丞正在潤州大率唐人多以潤州爲江南

賓佐

唐別駕長史司馬通謂之上佐傳有賓佐類此

唐張禕趙隱鎭浙西辟禕爲賓佐入爲監察御史舊唐書張毅夫傳

通判軍府

隋有通守郡各一人唐有別駕通判列曹今考

五代有通判軍府之職葢源流於隋唐也

五代方訥南唐燕王宏冀任宣潤二州大都督訥以浙西營田副使通判軍府六載匪懈庶職交修詔命叠委累遷至金紫光祿大夫俄拜泰州刺史徐騎省集

錄事參軍事諸曹參軍

晋宋以來本爲府佐非州郡職至隋爲郡官唐因之中都督府一人正七品下上州一人從七品上掌勾稽省曹抄目糾彈部内非違

唐魏晰爲潤州錄事參軍先天荆王廟碑

包峧爲潤州錄事參軍徐騎省集

司功參軍事

上州一人從七品下掌官吏考課

唐李榮爲潤州司功參軍宰相世系表

裴侑

李眺並爲潤州司功參軍先天荆王廟碑

薛司功忘其名潤州類集與季丹徒宋之問同游招隱

寺之問有詩

韓啟餘俞之子愈之姪爲潤州司功參軍宰相世系表

司倉參軍事

上州一人從七品下掌租調倉庫

唐韓掖爲潤州司倉參軍宰相世系表

司戶參軍事

上州二人從七品下掌戶籍計帳

唐李信爲潤州司戶參軍宗室世系表

盧正容

姚閑

陸峴並爲潤州司戶參軍宰相世系表

司兵參軍事

上州一人從七品下掌武官選舉

唐沈岌爲潤州司兵參軍無爲集沈立神道碑

王瓚爲司兵參軍潤州類集焦山瘞鶴銘後有瓚詩瓚雖不知何時人然自稱譙丹陽功曹掾又稱司兵參軍乃唐時官稱京口自天寶稱丹陽則瓚唐人明矣

司法參軍事

上州二人從七品下掌律令格式

唐杜佑新舊唐書本傳嘗過潤州刺史韋元甫元甫以故人子待之不加禮他日元甫有疑獄不能決佑時在旁元甫試訊佑佑口對嚮應爲辯處契要無不盡元甫奇之乃奏爲司法參軍

司士參軍事

上州一人從七品下掌河津橋梁

唐盧準爲潤州司士參軍類集從姪綸有詩送之

參軍事

中都督府四人從八品上上州四人從八品下

掌直侍督守無常職中都督府錄事參軍事參軍事官稱與上州同餘小異如上州曰司功參軍都督府則曰功曹參軍司倉以下類此景雲中潤爲中都督府尋罷故參軍有司功而無功曹餘皆無以曹名之稱

唐裴寬新舊唐書本傳景雲中爲潤州參軍刺史韋銑自以族望清華嘗求子壻雖門第貴盛聲名籍甚者銑

悉以爲不可會休日登樓眺覽見數人於後圃有所瘞藏者銑異之召吏訪求焉吏白曰參軍裴寬居也令與寬俱來銑詰其由寬荅曰某嘗自戒義不以苞苴污其家今日有人遺鹿置之而去既不能自欺因與家僮瘞於後園以全所守不謂太守見之銑嗟異許妻以女歸語妻曰嘗求佳婿今得矣明日幃其族使觀之寬瘠而長銑曰愛其女必以爲賢公侯妻何可以貌求人乎以太平廣記參定

薛雲童爲潤州參軍宰相世系表

李暉爲潤州參軍宗室世系表

權少淸德輿之弟爲潤州參軍類集有德輿詩序云今年羣從之調試於天官春官者以十數輿廉舉秀旣有其人而少淸以明經解巾參南徐州軍事尙書公政成事時鎭安一方幕庭婉娩多我之執爾其敬恭以事長者求爲可知闇然日彰嚮吾所謂不已之道在此而已

路隋新舊唐書本傳舉明經授潤州參軍

知市事

中都督府上州皆有市令一人從九品上掌市

廛交易通判市事

唐路隋新舊唐書本傳爲潤州參軍李錡欲困辱之使

知市事隋怡然坐市中一不介意韋夏卿高其節辟置
東郡幕府聲名日振

按隋以參軍知市事可見參軍事無常職也

監渡

唐六典諸津令一人李德裕傳有蒜山渡然潤
之渡官無考南唐書得一人

五代馬仁裕本傳楊吳時徐知誥鎭潤州仁裕監蒜山
渡首聞朱瑾之亂馳白知誥卽日以州兵渡江定亂知
誥得政基於此以功拜左領軍將軍

右自別駕至監渡是爲州郡參佐因都督刺史

置

知鹽鐵院

按潤州自韓滉兼鹽鐵使後王緯李錡高駢皆兼之故潤州有鹽鐵院按唐會要先爲鹽鐵留後長慶四年改爲知院官從鹽鐵使王涯之請也

唐薛諲以侍御史知浙西鹽鐵院宰相世系表

右知鹽鐵院因鹽鐵使置

鹽鐵院雖在潤州然節度觀察使不兼領鹽鐵則朝廷別除鹽鐵使主之以其不常領與其他參佐不同耳故附於末

宋參佐

宋朝官制沿唐間有因革開國之初首懲五季藩鎮之患置通判貳軍州之政而判推書記支使錄曹諸職謂之幕職曹官皆隨時增置前代參佐理戎理民之意始合而爲一曰通判軍州府云者軍乃軍政州府乃民事也曰判官推官書記支使必冠以節度觀察團練防禦軍事云者因前代軍幕之稱而臨軍政也況錄事諸曹皆襲前代參軍之稱則於軍政民政豈判然二物乎修軍旅於閒暇之時拊吾民以爲保障之

備建官設屬義誠取此若教授職司訓導似專
文事鈐轄兵巡以下諸職似專武事然朝廷興
崇鄉校課試之外其事甚鉅異時孝悌修明忠
信培植執干戈以衛社稷者亦有漸摩之效則
脈絡所繫實相貫通其他倉庾務場管庫岸閘
雖上下相臨究其源流未有不關於軍民者孟
軻氏云抱關擊柝者皆有常職以食於上職無
崇卑食焉而怠其事可乎潤舊爲節鎮最占江
山之勝承平盛時士大夫多樂於遊宦考諸文
集間見姓名不欲遺之然不能備也條列之於

左

通判

乾德元年始置諸州通判大藩或置兩員以京朝官充後大臣出藩多指名奏辟中丞孫抃言通判古監郡之職一州利害全籍論議與近下寮屬不同乞今後不得奏辟通判紹興後潤有南北西三廳今西廳廢久南北廳舊不著名氏慶元丁巳錢仲彪爲北廳壁記自葉珏始嘉定壬申陳謨爲南廳壁記自林仲純始然多有遺逸今得十三人列於首

向約文正范公仲淹知潤日約爲通判後仲淹離潤約知絳州薦約操守堪充清要任使

江某闕其名通判潤州李泰伯皇祐續集

王太博忘其名韓忠獻公琦有和潤倅王太博林畔松詩

黃殿丞忘其名爲潤州倅梅聖俞送以詩中云南徐別乘簡且閑下馬岸傍呼畫舫

李屯田忘其名爲潤州倅蘇魏公頌送以詩中云蚤伏能名動江左重聞謠詠入朱方

夏侯元紹聖丁丑通判潤州有栽松記在長山白龍王

廟

趙億通判潤州後十八年知鎮江府故謝表云十八年之官守故俗猶存浮溪集

葛立隆右丞議郎通判鎮江丹陽集

曾紆通判鎮江嘗修城西樓爲之記暇日與諸公會其上毛友有詩會淮南漕渠不通泗楚州連數守罷發運使陳亨伯密奏選紆知楚州浮溪爛柯二集

陳昱殿中侍御史師錫之子自大理寺丞出通判鎮江府

韓仲通

葛佑之二人爲通判時程邁知府事浮溪集

劉公彥紹興初添差通判鎭江時倉廩空虛軍無見糧交相攘奪大帥劉光世不能禁從容問計公彥曰兵以食爲本無食則死人豈肯束手就死其叛亡固宜因進足食足兵之計光世即檄公彥權府事調度給足軍民妥安制置使仇愈奏公彥功乞召用一月之間詔三下光世武人直奏云鎭江大軍屯駐若去通判劉公彥如失劉光世左右手乃止秋除知眞州

以上壁記所無

南廳壁記

林仲純紹興乙卯　李杼右宣義郎紹興十四年　葉挺朝奉郎　施該
朝請大夫　慕容邦佐朝請大夫　吳挾之承議郎　趙善括朝奉郎
陸謙之朝奉郎　沈潭承議郎　陸游通直郎乾道元年　毛欽
望朝奉郎　杜易承議郎　王日勤奉議郎乾道三年到任　潘好謙
承議郎五年到任　陶之眞朝散郎六年到任　葉利用朝散郎八年到任
李宗質承議郎淳熙元年到任　趙善愖朝散郎二年到任　高鳳朝散郎四
年到任　葛郛朝奉郎七年到任　楊祐朝奉郎九年到任　羅頌承議郎十
一年到任　趙絳朝奉郎十三年到任　朱贊朝散大夫十五年到任　劉宰朝請
大夫紹熙元年到任　李鉅朝請大夫三年到任　麋師孟朝請大夫五年到任　衛
季敏朝請郎慶元三年到任　沈圻朝請郎五年到任　趙善謣朝奉大夫嘉泰

元年閒到任　魏沖朝請郎二年到任　徐文敏承事郎四年到任　林中未詳何年人嘗建存心堂在潘友文之先則開禧已前人也　潘友文承議郎開禧三年到任

李煥承議郎嘉定二年到任　陳謨宣教郎四年到任六年除權發遣南康軍事

胡綰奉議郎六年到任　魏珪朝奉大夫嘉定八年八月至九年三月轉朝散七月判太平州

北廳壁記

葉珏左朝奉大夫　樓洎右承議郎　張昌時右朝奉郎　章汶右朝奉郎

孟充右朝議大夫乾道六年　徐峴朝散郎八年　吳輝朝散郎淳熙二年

王百朋承議郎四年　惠舉承議郎六年　李湛朝奉郎八年　時

康祖朝請大夫十年　汪鴻舉朝奉郎十二年　陳杲朝奉郎十四年　楊坦朝請郎十六年

施康年朝散郎紹熙三年　趙善詶朝奉大夫四年　錢仲

彪朝散大夫慶元元年李澄朝散郎三年張煜承議郎四年秦鉥承議郎五年葉元汴朝奉郎嘉泰元年莫秘朝奉大夫三年衞藻朝奉郎開禧二年王澣朝奉郎嘉定元年吳鎮朝散郎直秘閣三年李琪宣教郎五年六月差知邵武軍沈炳朝散大夫六年任一鶚朝奉郎九年二月

西廳壁記

武守中左奉議郎乾道七年十二月至趙公廣奉議郎淳熙三年十二月至錢之望宣教郎淳熙五年十月至趙不刊朝請郎淳熙六年正月至四月致仕趙公崇承議郎淳熙六年九月至趙彥駿奉議郎淳熙九年四月至趙伯琉朝奉郎淳熙十一年四月至趙善宣朝奉郎淳熙十三年六月至趙希曾朝散郎淳熙十五年十二月至戴履朝散郎紹熙元年四月至俞烈朝奉郎紹熙五年七月至慶元二年

二月除太學博士 曾棐朝請郎慶元二年七月至 陳臧孫承議郎慶元三年五月至

何潤朝散郎慶元五年五月至 程準朝奉郎嘉泰元年七月至 胡坦朝奉郎嘉泰三年八月至 趙彥适承議郎嘉泰三年十月至 柴國光朝散郎開禧元年十月至二年十二月差通判常州 楊九鼎通直郎開禧二年至三年二月除權發遣無爲軍 鄭鎮奉議郎直秘閣開禧三年七月至九日改通判建康府 臧辛伯奉議郎嘉定四年閏三月至

鈐轄

會要紹興二十八年守臣楊揆言舊法路分鈐轄一州則有州鈐轄如常秀平江皆有之獨鎮江闕乞添置州鈐轄從之壁記今廢按浙西路鈐轄駐劄

平江秋閱則按其事已復歸而潤有州鈐轄則自此始

郭端已武訓郎　張玘武功大夫　李覺武功大夫　趙善全武翼大夫

張師孟武德郎　來處恭武節大夫　趙善玭武經郎　崔安世武翼郎　朱克俊武功大夫　靳祥武翼大夫　壽囦武德郎嘉定七年三月至

簽判一員

太平興國中置判官一員委諸州於牙校中擇有幹局者爲之諸州節度判官則以贊善大夫十五員充此簽判所由始潤自開寶爲鎮江軍節度實次於留守判官非防團軍事判官比故

舊稱簽書仁廟朝得一人

鄭民彝仁宗時人太尉戩之子簽書鎮江軍節度判官公事見華陽集

壁記

張端修　徐嘉言　李處端　吳澧　耿弁　柳績

韓莘叟　鄒如愚　王禹錫　錢巽　蔡震　臧辛伯

燕棨　葛璨　宋叔晞　錢仲虒

節度掌書記

乾德二年詔應兩任有文學者許兩使留後奏充掌書記潤自唐爲兩使節鎮宜有之久闕

孫立節字介夫爲條例司屬官以議不合引去出爲鎮江軍書記蘇文忠軾時通守錢塘往來常潤間見立節於京口方新法之初監司皆新進少年馭吏如束濕不復以禮遇士大夫而獨敬憚立節曰此抗丞相不肯爲條例司者東坡後集剛說

觀察支使

太平興國六年詔諸節度州依舊置觀察支使一員書記支使不並置有出身曰書記無出身曰支使在判官之下推官之上潤自唐爲節度宜有之久闕

程珦字伯溫明道先生顥伊川先生頤之父參政文簡公琳之族弟再調潤州觀察支使有侍禁曹元哲者挾權要勢與人爭田州守畏逼囑珦右之珦弗爲撓潤當衝途州事頗劇多賴珦以濟聲聞甚著部使者至無有不論薦者改大理寺丞程珦家傳

節度推官一員

宋沿前代之制兩使置判官推官各一人潤自唐爲兩使節鎮故節度觀察皆有推官今得數人

阮逸景祐三年爲鎮江軍節度推官詔令較定舊鐘律

作鐘磬律度案之雖與古多不合猶推恩而遣之轉鎮安節度掌書記知城父縣長通鑑長編

孫錫字昌齡部使者及兩制以御札舉錫自巢縣主簿改充鎮江軍節度推官臨川集

胥彥迪內翰偃之曾孫爲潤州推官蔡佑雜記

壁記舊缺

陸師賈嘉定七年正月二十日到任

觀察推官一員

敘缺

陳郁爲潤州觀察推官華陽集

許渤權潤州觀察推官文正范公仲淹舉渤淸心至行不求聞達復通經術長於議論望改轉京官簽書陝府判官

王覿爲潤州觀察推官召對除司農寺主簿改秘書省著作佐郎

祝夔崇寧閒爲潤州觀察推官爛柯集

劉察推正甫不記其名赴南徐幕江西舉老以詩送云此翁文采自權奇抹過鹽車十萬蹄筆下何多春草句胸中定有辟塵犀戴公山下竹三逕米老庵前雲一溪蓮幕退思湖上客一篇爲我賦新題

壁記舊缺

趙希楢嘉定六年九月初十日到任

職官幕掾

簽判判官書記推官皆爲幕職官卽幕掾也得

二人不言所職當存之

李育字仲蒙爲潤州職官東坡集

吳默皇祐已丑張昇守潤默爲幕掾修郡治

郡掾

政和三年尙書省言州建六曹參軍參軍之稱

起於行軍之際恐不當襲有旨參軍改爲掾今

得一人

胡唐老宣和辛丑虞奕守潤唐老爲郡掾

儀兵刑曹

政和初自判官至諸曹改爲士戶儀兵刑工曹掾建炎初始復舊制今得儀兵刑曹共四人

陳桷靖康間爲鎮江府司儀曹事

陶旂政和初爲潤州司兵曹事改宣義郎時卿寺丞掾號美官寒士得之尤難當路有知旂者欲以此留旂旂度食貧留京師非便求金壇令以歸其不汲汲於進取如此浮溪集

蔡佑肇之子政和末爲鎮江府司兵曹事

陳晁師錫之姪宣和閒爲鎮江府司刑曹事

錄事參軍一員

宋諸府爲司錄諸州爲錄事乾興元年令諸州盡置熙甯三年詔差職官知縣及奏舉縣令人充政和爲司錄建炎復舊掌州院庶務糾諸曹稽違

趙師陟爲潤州錄事參軍兄師旦知康州與儂智高戰死師陟護喪歸事聞以師陟爲大理寺丞簽書泰州軍事判官臨川集

司理參軍一員

五代諸州有馬步獄以牙校充謂之馬步院開寶六年詔改爲司寇院以士人爲參軍後改爲司理選在任清白能推獄者爲之端拱淳化以來皆上躬自揀擇

虞太微爲潤州司理參軍臨川集壁記禮部侍郎李亶文曰典獄之義呂刑一篇訓暢深矣然其要曰兩造具備師聽五辭又曰明淸於單辭又曰非佞折獄惟良折獄罔非在中夫兩造不備單辭獨聽世之折獄者皆知其不可而或爲之自非

佞者巧於迎伺傾側而成其姦則誰忍昧冒出此故古之哲王明謹用刑必以付之端良之人故能盡其心而卽天論然後一成不變可無憾也寒朗理楚獄不憚觸顯宗盛怒身犯不測之誅卒伸四侯與千人之冤非良而不佞者能之歟噫人心無常古訓莫式冤濫始不勝其繁鬼責人非幽顯一理獨無懼於心乎蔡確治獄專以深文排陷善人致位丞輔崔台符楊汲亦以鍛鍊傅會旋踐通顯然醜聲姦迹流於策牘所得幾何所喪洪矣是皆惑於近而昧其遠者也可不戒哉京口郡理掾李君淇於所居官立石刻來

者氏名歲月自其身始君論讞守正不肯揣長官意爲輕重予奪可謂能守其職矣雖君所職者特一郡之事耳然獄無小大自是而充之豈有異哉故予舉其大者所以期君於遠也君欲得余一言用輒書以廣其敬忌之心焉

季淇爲潤州司理參軍始立壁記

司戸參軍一員

掌戸籍賦稅倉庫受納

劉正固爲潤州司戸參軍王黃州集

司法參軍一員

掌議法斷刑

以下缺

學職

潤學始於太平興國八年景祐三年有旨立學寶元己卯文正范公仲淹爲守聘江南處士李覯使講說以教養其州之子弟此時雖未建官然設教於潤當自李始繼李之後得數人壁記所闕

李覯字泰伯盱江人有文藁十二卷祖無擇爲之序又有皇祐續集八卷常語上中下三卷周禮致太平論十

卷後集六卷後授將仕郎試太學助教

曾旼熙甯閒以名儒分教京口顯學魏憲家居平江年十二提書詣旼就弟子列旼知其非近器勵使遊太學丹陽集魏憲墓志

毛友崇甯初爲潤州教授不數年閒致身侍從後十七年來守潤欄柯集

董鑄字睎淵政和五年辟廱高第解褐宣和九年爲鎮江教授京口雅多士鑄不啻其有樂以告人故方數千里士勸趨之顯學毛友不妄許可待以上介論薦諸朝浮溪集

董弅字令升宣和閒爲鎮江教授

壁記慶元庚申陳德一立

馬閎　俞篪　鄒全嗣　吳武陵　王俊彥　談宓

曹岠　虞仲琦　胡元質　戴幾先　秦淵　葛掞

熊克　沈必豫　陳伯廣　楊大濩　徐端卿　王極

趙默　周莘　譚艮顯　黄誾　費塤　陳德一

袁孚　許溪　楊邁　李勳　盧憲從政郎嘉定六年閒三月至

都倉兼糴納一員

敘缺

曾昈元豐閒以秀州軍事推官監潤州糴納倉軍事推

官今從事郎也太守許遵令旼採諸家文集始自東漢終於南唐歌詩賦贊五百餘篇釐爲十卷名曰潤州類集

織羅務

潤以土貢故有之詳見公廨類庫務

蘇摛丞相頌之子監潤州織羅務會課改宣德郎

都酒務一員

敘缺

陳某闕其名王安禮知潤州器其材表監都酒務與參謀議榷酤課羨詳見酒課及陵墓

將佐

敘

缺

唐都頭以下

都頭

按唐會要都知兵馬使之上有都虞候而都頭無聞惟唐孔緯傳載李順節以天武都頭領浙西節度又通鑑耀德都頭李鋋爲鎭海節度推此則都頭之職乃將軍之尊稱

唐翟行約通鑑咸通中杜審權節度鎭海行約爲都頭

龐勛之亂審權遣行約將兵救泗州賊逆擊於淮南圍

之城中兵少不能救行約及士卒盡死

都知兵馬使

唐官志元帥都統條下有前軍中軍後軍兵馬使會要元和四年中書門下奏應諸道軍將官至常侍大夫職兼都知兵馬使都押衙功績顯著本道無官職可奬者卽任薦送是兵馬使之上又自有都知兵馬使也

唐張潾高駢節度鎮海潾爲大將駢令潾分道擊黃巢屢破之降其驍帥秦彥畢師鐸李罕之許勍等巢賊遂趨廣南後駢以潾爲都知兵馬使以舊唐書僖宗紀新舊唐書高駢傳通鑑

參定

張子良

李奉仙

田少卿元和二年爲浙西鎮海軍兵馬使節度李錡反以宣州富饒有併吞意遣子良奉仙少卿將兵三千襲之三將夙有向順志知錡必敗與牙將裴行立同謀討之召諭士卒曰僕射反逆欲使吾輩遠取宣城何爲隨之族滅豈若棄逆效順轉禍爲福乎部衆大悅迴戈趣城錡大驚曰何人邪曰張中丞也錡怒甚子良等以監軍命曉諭城中逆順且呼錡束身還朝左右以幕縋而

出之送京師帝御興安門問罪先是春三月彩虹入子良宅（語見辯異）及子良圍城錡就擒擢子良檢校工部尚書左金吾將軍尋拜方鎮封南陽郡王賜名奉國田少卿檢校左散騎常侍左羽林將軍代國公李奉仙檢校右常侍右羽林將軍邠國公（以新舊唐書李錡傳舊書憲宗紀通鑑太平廣記參定）

押衙

唐會要其職與兵馬使相次李景遜在浙西有左都押衙迮景遜意景遜杖之是押衙之上又自有都押衙

唐趙翼通鑑咸通中杜審權節度鎮海翼爲押衙罷勛

之亂審權遣翼將甲士救泗州詳見刺守

大將衙將裨將附

將校之職唐通典官志並不登載官志惟載上中下鎮將會要通鑑云自艱難以來天下有軍節將之權尤重遂於所管諸郡別置鎮兵大將主之干擾郡政或爲姦盜元和十四年宰臣因烏重胤之請始奏罷詔諸道節度都團練都防禦經略等使所管諸郡兵馬並令刺史領之又會要開成三年敕今後諸道節度團練防禦等使不得更奏大將充巡內上佐官推此則節鎮

寵任軍將爲上佐易驕難制其後至於差撥將校便爲支郡刺史如錢鏐楊行密之徒肆無忌憚矣今考潤州將校多有忠勇立功之人亦有敢爲叛逆者並列於左所以示來世當防微杜漸也

唐王栖曜

李長榮

柏良器韓滉節度鎮海三人爲裨將李希烈陷汴州滉令將勁卒萬人討賊解甯陵之圍詳見兵防貞元三年栖曜長榮等已爲浙西大將上以諸道大將有功勞者將擢

掌禁兵增左右龍武軍將軍各一員以栖曜長榮等充之以新舊唐書韓滉栖曜良器傳會要參定

趙琦元和二年李錡節度鎮海琦爲大將錡反殺留後王澹監軍使聞亂遣琦出慰止又臠食之錡死贈琦和州刺史以新舊唐書李錡傳通鑑參定

裴行立元和二年爲浙西鎮海軍衙將節度使李錡之甥也錡反行立思嚮順悉知錡之密謀與張子良等約還兵執錡其謀多決於行立及三將迴戈趨城行立舉火鼓譟應於內引兵趨衙門錡大驚曰門外兵何人左右曰裴侍御也錡拊膺曰行立亦叛吾邪吾何望矣跣

足逃女樓下親將李鈞引挽彊三百趨出庭格鬬行立兵貫出其中斬鈞傳首城下錡聞之舉族慟哭錡死擢行立泌州刺史以李錡傳通鑑參定行立本傳作泌州刺史

王國清通鑑長慶二年爲浙西大將作亂觀察使竇易直討擒之伏誅并殺其黨二百餘人

淩茂正

王克容并爲浙西衙將通鑑咸通中賊裘甫亂浙東觀察使鄭祇德求救於浙西語見雜錄武事王式代祇德使茂正卒同宣歙將白琮等解象山之圍又命克容將水軍巡海澨遇賊將劉簡於甯海東賊棄船走

張潾

梁纘乾符閒高駢節度鎮海潾纘爲大將駢使潾纘分兵討賊累捷降其首領數十人賊南趨嶺表新舊唐書高駢傳

張郁通鑑光啟二年正月鎮海牙將張郁作亂攻陷常州六月節度使周寶遣牙將丁從實襲常州逐郁奔海陵寶遂以從實爲常州刺史

劉浩爲潤州衙將光啟三年二月帥其黨作亂攻府舍殺僚佐十二月錢鏐命阮結克潤州浩亡不知所在詳見刺守

吳秦師權

陳祐通鑑後梁貞明二年皆爲潤州大將秋七月裔將周郊作亂入府殺師權祐討斬之

右都頭兵馬使以下是爲將佐因鎮海軍置

宋都統制以下

敘

都統制

紹興十一年南北修好緣邊諸軍始置都統制領之其在京口者曰鎮江府駐劄御前諸軍都統制舊都統司廳有壁記前記眞州守鄱陽左昌時文續記司業袁燮文今不存

解元 鎮江軍承宣使 **王勝** 昭化軍承宣使主管侍衛馬軍號王黑龍紹興中鎮江籍民丁以警
夜人苦暴露而盜不息勝以諸軍部分伺察於是
姦偷屏迹居人安堵時戶部侍郎蔣璨爲書此事 **劉
寶** 武泰軍承宣使主管侍衛馬軍紹興三十年言補置
制勝軍三十一年以軍律不嚴責散官安置張子蓋
後仍兼淮東
招撫使再至 **劉錡** **成閔** 慶遠軍節度使主管侍衛馬軍京西河北等路制置
招討使召拜太尉爲
殿師王友直後再至 **張子蓋** 安德軍爲節度使紹興三十二年解海州圍
郭振 奉國軍承宣使主管侍衛步軍 **戚方** 甯武軍承宣使主管侍衛步軍 **王友
直** 宜州觀察使召爲步帥 **李川** 武功大夫果州團練使主管侍衛步軍司公事乾道九年三月
至 **郭棣** 武功大夫榮州刺史主管侍衛步軍司公事淳熙二年正月至 **李思齊** 武功
大夫英州刺史金州副都統制淳熙六年二月至 **雷世方** 武夷大夫池州副都統制淳熙八年
七月
至 **翟方道** 訓武郎侍衛步軍都虞候兼權侍衛馬軍司職事淳熙十一年閏十一月至

張詔 武經大夫池州都統制淳熙十三年三月至

劉超 武經郎帶御器械淳熙十四年八月差充鎮江副都統十五年四月至

閻世雄 武節大夫鄂州江陵軍副都統制就任改鎮江都統制淳熙十六年九月至

王瑛 武功大夫侍衛步軍都虞候兼權侍衛馬軍司職事慶元六年十月至

李爽 武德郎江州都統制嘉泰三年三月至

李郁 武夷大夫忠州刺史侍衛步軍司都虞候權侍衛馬軍司職事嘉泰四年四月至

李奕 武德郎鄂州江陵府副都統制開禧元年四月改爲鎮江都統制五月至

郭倪 金州觀察使殿前副都指揮使改除鎮江都統制兼知揚州淮東安撫開禧元年八月至

畢再遇 忠州團練使右驍衛將軍鎮江副都統制開禧三年正月至揚州置司

彭輅 忠州刺史主管侍衛步軍司公事兼知揚州兼權侍衛馬軍司職事除鎮江都統制開禧四年正月至

盧彥 武修郎嘉定四年轉武翼郎差充鎮江副都統制揚州屯駐兼權都統制職事

劉元鼎 武德大夫吉州刺史江州副都統制改除鎮江都統制嘉定五年六月至

馮榯武功大夫開州刺史主管侍衛馬軍司公事改除鎮江都統制嘉定七年十月至

右都統制缺

嘉定鎮江志卷十六終

嘉定鎮江志卷十七

總目 缺

敍 缺

丹徒縣令 丞佐附

漢陸肅歷丹徒令

按唐宰相世系表肅之父名稠稠之弟名逢逢之孫名穰猶爲漢海鹽縣令於肅爲姪行則知肅爲東漢人也

宋賈淵齊書本傳自太學博士出爲丹徒令昇明中蕭道成刺南徐嘉淵世學取爲驃騎參軍

齊沈巑之爲丹徒令以廉自守不事左右浸潤日至遂鎖繫尚方歎曰一見天子足矣上召問之巑之曰臣坐清所以獲罪上曰清何以獲罪曰無以奉要人上曰要人爲誰巑之以手板四面指曰此赤衣諸賢皆是上知其無罪復除丹徒令入縣界吏候之謂曰我今重來當以人肝代米不然清名不立

梁虞丹徒忘其名潤州類集有何遜答虞丹徒歌

徐摛本傳晉安王移鎮京口摛隨府轉帶郯令

按宋齊志郯縣僑治丹徒

唐王宏道歷丹徒令宰相世系表

季丹徒忘其名類集宋之問有酬季丹徒見贈詩

溫丹徒忘其名類集皇甫冉與之同登萬歲樓有詩

彭彥規太和中爲丹徒令建雲騰廟

項斯會昌中擢進士第爲丹徒尉楊敬之愛斯爲詩所至稱之詩云平生不會藏人善到處逢人說項斯

五代段明府忘其名南唐用爲丹徒令類集有李建勳有贈丹徒段明府二詩

顧彥回南唐時爲丹徒令

宋王紀太平興國五年歷丹徒令見徐騎省集

李韶長編太平興國八年以殿中丞知丹徒縣

陳之奇字虞卿慶歷閒爲丹徒令其爲政主於愛而民亦愛之故相王岐公珪志其墓

王國爲丹徒令改著作佐郎

丹徒黃令忘其名官滿歸王莊定存相遇於泗上以詩別之

侯道濟明道先生程顥伊川先生程頤之外祖以儒學中科第爲丹徒縣令見伊川先生集

陳安止元祐四年爲丹徒令

陸安民爲丹徒丞嘗詠江際沙田有愛民之意類集有陸仲高送行詩

王深甑甯閒丹徒主簿有文行南豐先生銘其父墓

陳沂御史襄行洙之弟殿中侍御史師錫之叔丹徒主簿

葉夢得崇甯閒丹徒尉有所賦詩詞在石林集中

宰政舊無壁記前志自蘇行沖始

蘇行沖右宣教郎紹興元年到　錢覺右奉議郎紹興三年到　向渡右奉議郎紹興九年到　劉覺民右通直郎紹興十二年到　柳材右宣教郎紹興十三年到

趙學老右通直郎紹興十六年到　竇公邁右承議郎紹興十八年到　郭堂老右承議郎紹興二十一年到　魏之基右宣教郎紹興二十四年到　歐陽并右通直郎紹興二十七年到　徐宅右承議郎紹興三十一年到　呂廣右通直郎隆興二年

到

謝傑 右宣義郎乾道二年到

韓元老 右宣教郎乾道五年到

何健 右宣教郎乾道九年到

周翊 宣教郎淳熙二年到

高畯 宣教郎淳熙四年到

孟

致康 宣教郎淳熙七年到

蔡戩 通直郎淳熙十年到

田椽 朝散郎淳熙十四年到

仲慶遠 宣教郎紹興元年到

高得居 承議郎紹興四年到

張思忠 承議郎慶元二年閒到

李時升 奉議郎慶元四年到

王若水 宣教郎慶元六年到

史宜之 奉議郎嘉泰二年到

強向 奉議郎泰四年

林昌 通直郎開禧三年到

趙善漣 奉議郎嘉定三年到

高惟月 奉議郎嘉定五年到

莫煥 通直郎嘉定八年十一月十九日到

丹陽縣令 丞佐附

宋到撝齊書本傳試守延陵令非所樂去官

齊戴景度世祖建元元年延陵令上季子廟湧井事見齊志祥瑞

梁褚澐本傳先曲阿令又延陵令

劉之遴本傳延陵令

王僧恕延陵令撰季子廟碑文

唐邁之延陵令有集十一卷未詳何時人見隋經籍志註姑附於此

唐師賢延陵令有集十五卷未詳何時人見隋經籍志註亦姑附於此

唐杜羔延陵令見宰相世系表

沈珱吳興人開元十年延陵令與長史高紹同謁季子廟見季子廟碑陰記

李令從永泰元年延陵令刺史韋損開練湖李華作頌載其能如韋公之愛人

邵摯類集有劉長卿送摯赴延陵令詩

盧少卿延陵令忘其名類集有李頎送盧少卿赴延陵詩

李延陵忘其名類集有劉長卿同遊紫陽觀至華陽洞詩

延陵張宰忘其名類集有陸龜蒙贈詩

鍾重漸試大理司直兼延陵令類集有重漸題季子廟詩曾肢疑其南唐人

李韶延陵丞（見宰相世系表）

韋少府尉延陵忘其名附見於此

宋朝仍唐爲延陵縣非古延陵也古延陵今常之晉陵是已熙甯五年廢縣爲鎮隸丹陽析其地屬三縣後百餘年鎮官周松年得縣令壁記於土中其序文治平四年縣令掌文紀撰附於左

劉贇（淳化元年至）　張德方（至道元年）　王在和（咸平二年）　王繼明（咸平五年）　鄭思齊（景德二年）　姜固（祥符元年）　黃宗望（祥符三年）　崔思齊（祥符六年）　方仲弓（祥符九年）　管昭文（天禧四年）　樂成象（乾興元年）　吳紀（天聖二年）　楊儀（天聖三年）　裴諒（天聖六年）　鄭崇（天聖九年）

張文震景祐四年　趙永景祐四年　衞登寶元二年　孫佐康定二年

孟應之慶歷二年　王琮慶歷五年　陳銳皇祐元年　牛自誠皇祐四年

王頤至和元年　王夷直嘉祐二年　秦道嘉祐五年　高大明嘉祐八年

掌文紀治平三年

吳顧雍弱冠自合肥長轉曲阿有治迹

吾粲本傳字孔休孫河爲將軍得自選長吏表粲爲曲阿丞遷長史治有名迹

孫助河之子爲曲阿長見孫桓傳註

宋孔曲阿忘其名類集有謝惠連與孔曲阿別詩

齊周洽汝南人曲阿令廉約無私卒於都水使者無以

殯吏人爲買棺器武帝聞而罪之曰洽累歷名邑而居處不理遂坐無車宅死令吏衣棺之此宜罪貶無論褒卹乃敕不給贈賻見傅琰傳

邱仲孚梁書本傳曲阿令仲孚以拒王敬則功遷山陰令詳見攻守形勢

梁褚澐本傳爲曲阿令清謹可紀

臧仲博曲阿令見臧質傳後

江子一本傳曲阿令著美績

司馬壽曲阿令見司馬筠傳

胡頒陳書本傳曲阿令尋領馬軍

陳擬本傳陳霸先鎮朱方擬除步兵校尉曲阿令

周宏貞本傳曲阿令

唐尹元貞本傳文明元年曲阿令徐敬業攻陷潤州元貞率兵赴援及戰敗被擒敬業臨以白刃脅令附己元貞詞色慷慨竟不屈尋遇害敬業平贈潤州刺史謚曰壯

柳尚素曲阿令見柳子厚文集

韓暈丹陽令見宰相世系表

杜孟寅永泰元年丹陽令刺史韋損開練湖李華作練塘頌載其能秉韋公之清白

王瓊貞元初丹陽令三年調集皆黜落甚惋憤乃賫百千詣茅山道士葉虛中求奏章以問吉凶虛中年九十餘彊爲奏之其章隨香煙飛上縹緲不見食頃復墜地有朱書其末云受金百兩折祿三年枉殺二人死後處分後一歲瓊暴終

孔絢丹陽令

李明府忘其名劉延史有題丹陽李明府後亭三詩類集

包章丹陽令

陸謀丹陽丞見宰相世系表

韋廣宗丹陽丞同上

啖助本傳淹該經術天寶末丹陽主簿秩滿屏居

李紘曲阿尉

李素臣曲阿尉

鄭倫丹陽尉並宰相世系表

趙少府丹陽尉忘其名給事中治親弟之子類集盧綸有送丹陽趙少府詩

丁少府忘其名歸餘杭覲省權德輿以序送之云丁氏子用文誼緣飾吏道尉丹陽三年嘉聞籍甚罷去之日以綵衣歸田廬邑中諸生愴離讌之不足俾予序羣言以爲貺

樊潛唐末以射策高等補丹陽尉課考爲優見徐騎省集

五代呂延禎南唐時知丹陽縣鎮事兼點檢館驛迎送公事重開練湖有奏狀又作銘序

郭道規南唐時丹陽令稱疾辭官

吳淑以高第補丹陽尉

宋王令忘其名京口集有丹陽王令卽事詩

許元知丹陽縣有練湖決水一寸爲漕渠一尺故法盜決湖者罪比殺人會歲大旱元請借湖水漑民田不得報決之州守遣吏按問元曰便民罪令可也竟不能詰由是漑民田萬餘頃歲乃大豐

蘇京紹聖中宰丹陽壽堂京所立也

張蒙丹陽令葛勝仲有詩贈之見京口集

蘇攜丹陽丞會令缺行令事陳力二年如實爲令者丹陽當東南舟車之衝異時高麗入貢吏並緣掊取方數百里騷然攜爲區處使者雖至而民不知歲饑賑濟攜乞米於有司有司難之請至再三必得米則朝夕臨視唯恐不均雖鄰邑歸者亦受而不辭全活千萬計

夏竦以父承皓死事授丹陽主簿上書乞應制舉既中擢光祿寺丞通判台州

王致堯元豐初尉丹陽爲丹陽縣學記

虞元佐丹陽尉郡人蘇師德仁仲有贈詩見京口集

宰政舊無壁記前志始於趙公達今本縣題名自政和閒姚鵬始

姚鵬承議郎政和八年到　劉僑從政郎宣和四年到　趙公達建炎元年到

崔世雍建炎三年到　陳彥忠建炎四年到　李唐紹興元年到　朱郁紹興二年到　沈詠紹興三年到　王繹紹興五年到　章復紹興七年到　吳芑紹興十年到　劉長民紹興十三年到　時檄紹興十五年到

蘇忠規紹興十八年到　陶之眞紹興二十六年到　毛銑紹興二十五年到

梅時紹興二十六年到　韓贄胄紹興二十九年到　胡傑紹興三十年到

燕世弼隆興二年到　施廣成乾道三年到　陳玠乾道五年到

李漳乾道七年到　徐安國乾道八年到　孫泰輔淳熙二年到　李應淳熙四年到　張用之淳熙五年到　韋潛心淳熙七年到　曹畋淳熙八年到　章樾淳熙十一年到　陳環中淳熙十四年到　高棟淳熙十六年到　王括紹興三年到　趙師傃慶元元年到　張再興慶元四年到　施濟慶元四年到　朱處大嘉泰二年到　陳廉嘉泰三年到　孫文達嘉泰四年到　李百壽開禧二年到　徐文度嘉定二年到　吳符從政郎嘉定六年到

金壇縣令丞佐附

唐岑羲金壇令頗有治績以文吏著名宰相語本道巡察御史曰毋遺江東三岑乃薦羲爲汜水令

武平一本傳中宗時嘗因詩頌規誡元宗立貶蘇州參軍徙金壇令被責而名不衰

劉彥回開元中自侍御史左遷金壇令彥回以直貶終守清節琴樽自娛吏民畏愛之

徐有鄰金壇令見宰相世系表

武譚金壇令見宰相世系表

李晤金壇令見宗室世系表

胡玘永泰元年金壇令刺史韋損開練湖李華作頌載其能稟韋公之成規

姚合武功人金壇令築武功臺於金壇縣衙西池中有

石記

樊諭金壇令見徐騎省集

王甲開元末金壇丞見太平廣記

蕭頴士金壇尉將赴金壇有詩別二補闕三拾遺見文粹

韋泛大歷初金壇尉見太平廣記

宋吳中復字仲庶金壇令景祐中擢第時上錫羣進士詩其卒章有清修之訓中復建亭取以爲名士大夫咸詠歌之姚闢以書抵王存曰子熟吳君治不可以嘿存因爲詩云

曾長官元豐間金壇令奏請乞開夾苧干瀆以興水利

降旨委江東及兩浙兩路監司相度
按東坡集不言其名考金壇縣記止云慶歷中有曾旦爲宰慶歷去元豐甫三十餘年豈縣記逸之耶
李坦長編崇甯三年以將仕郎爲金壇主簿特遷承務郎
曾愢金壇主簿見浮溪集
江寓金壇尉位雖卑有愛民之心見若溪集
今宰政壁記自咸平初段備始其姓名比二邑爲詳者有許德之裒於大觀趙沔纂於建炎周茂刊於紹興也

段備咸平元年到　任宗諤咸平五年到　邱士衡祥符元年到　高
浹天禧元年到　陶實天禧五年到　施牧天聖元年到　王用賓天聖
四年到　趙時天聖八年到　李昭壽明道元年到　孫覬景祐二年到
孫琬康定元年到　李元康定二年到　吳中復慶歷二年到　曾
旦慶歷七年到　孟滋皇祐二年到　畢之翰皇祐四年到　林昌符
嘉祐元年到　向宗旦嘉祐四年到　呂全嘉祐六年到　李越治平元年
到　李湜熙甯二年到　汪轂熙甯四年到　沈元熙甯五年到　林
景行熙甯六年到　牟概元豐二年到　吳彥元豐三年到　葉唐稷
元豐六年到　李鎮元祐二年到　項傳元祐五年到　上官合紹聖元年
到　瑱瓛紹聖四年到　江汝言建中靖國元年到　李元升崇甯二年

到　虞龔明崇甯四年到　許德之大觀二年到　周方將政和元年

到　虞遠政和四年到　向汲政和六年到宣和四年再到　陶旃政和八年

到　林極宣和三年到　周元亨宣和五年到任　錢詡靖康元年到任

楊德載建炎二年到任　趙沔建炎三年到任　胡思忠紹興二年以賊變迎敵遇

害贈三官與一子恩澤　周茂紹興二年到任　朱玹紹興四年到任　張瑨紹興

七年到任　沈松紹興十年到任　吳仁紹興十一年到任　孫衞紹興十二

年到任　趙鏗紹興十四年到任　莊璹紹興十五年到任　趙公稱紹興

十七年到任　魏彥機紹興二十年到任　蘇奕世紹興二十一年到任　宋

大年紹興二十四年到任　胡紹紹興二十七年到任　尤著紹興二十八年到任

潘文禮紹興三十一年到任　胡當可紹興三十二年到任　趙壎乾道元年到任

倪穆乾道三年到任　張用成乾道五年到任　朱宲乾道八年到任　蔣梗淳熙二年到任　趙不𠍳淳熙四年到任　周劇淳熙六年到任　張佐淳熙九年到任　胡大成淳熙十二年到任　曹熙淳熙十五年到任　樓鉉紹熙元年到任　李松紹熙三年到任　許昌期慶元元年到任　孔元忠慶元五年到任　李直柄慶元五年到任　韓冠卿嘉泰元年到任　趙師𢘿嘉泰三年到任　陶廷俊開禧二年到任　黃朴嘉定二年到任　唐士列嘉定四年到任　石不矜承事郎嘉定五年到任　王概宣教郎嘉定八年十二月到任

寓治

治以寓名蓋謂其或置或廢非郡縣之比也然其閒多名公鉅卿往往致位宰輔故不得而略

焉題名記在本所宰臣洪适奉使時立其文曰初大參孟公開江淮荊浙都督府請用民部長貳居建康總領軍須於是貳卿姚舜明以選行其後狄人來約和我師之在邊城者皆斂而休於江之南分中都官置四總領京口建康武昌與蜀之利州其理所也京口蓋山陽韓侯世忠之師近歲又掌江陰所屯凡供軍之物民部計其實下江浙數州水輸陸送無虛旬督其稽逗勸其能否有刺舉之權頗得淮鹽所算酒壚所榷以澹用月受諸軍所作戎器藏之庫歲收營田所獲歸之官招選士卒則甲乙呼辯湼之於庭下刪汰老疾則集有秩者第功伐如銓注之法川蜀綱馬至別其良駑則印之瀕塞有互市則提其要凡關所隸者聽其訟或邊防軍政不常之事則惟朝廷所命至於察虛僞謹出內抱公滅私則存乎其人其表牋謝慶之式大抵同外臺以王人故序乎方伯部使者之上所謂報發軍馬文書或曰猶古之監軍非也予短力弱材以毛錐子進金穀之事末之學也代匱於斯旬有八

月當疆場未甯多壘增竈之際餽道所出遠抵海泗而襁負東歸解編北堂者費益無藝乏興滿謫上印綬而去且有日國家方整飭武備規恢再造之業他時歸馬偃革則是官可省矣吏無掌固文牘殘闕前數人已不能紀懼後來之寖没没也乃摭次而志之石隆興元年九月志

總領所

胡紡　右中奉大夫司農少卿紹興十一年六月到十二年十月除卿十一月罷

呂希常　右朝散郎司農少卿紹興十二年十二月到十三年閏四月易淮西

吳彥璋　右朝奉大夫太府少卿紹興十三年閏四月到十四年九月除廣西提刑

林大聲　左朝請大夫太府少卿紹興十四年十月到十六年三月除江東運副

華初成　右朝散郎太府寺丞紹興十六年三月到五月供職行在

榮薿　右朝奉大夫倉部郎中紹興十六年五月到十七年二月知鎮江府

周石　右朝請郎金部員外郎紹興十七年二月到陞郎中累轉朝請大夫二十五年八月除直秘閣江東運副

蘇振

右朝散郎太府寺丞紹興二十五年八月到二十六年五月罷

董苹 右朝請大夫金部郎中紹興二十六年五月到二十八年三月除直秘閣知鎮江府

朱夏卿 右丞議郎司農寺丞紹興二十八年三月到轉朝奉郎陞戶部員外郎司農少卿三十二年三月供職行在

徐康 右朝請大夫戶部員外郎紹興三十二年三月到四月主管台州崇道觀

洪适 左朝請大夫戶部員外郎紹興三十二年四月到陞郎中司農少卿隆興二年三月供職行在

王弗 右中散大夫行司農少卿兼措置江淮等路營田隆興二年三月到明年三月除刑部侍郎

張津 右朝散郎度支員外郎兼措置營田乾道元年三月到八月罷

趙公稱 左朝奉大夫戶部郎中兼提領措置屯田乾道元年九月到轉朝散大夫二年四月主管崇道觀

韓元龍 右朝奉郎戶部員外郎乾道二年四月到陞郎中十一月主管台州崇道觀

韓彥直 左朝議大夫戶部郎中乾道二年十二月到除司農少卿四年二月除直龍圖閣江西運副

呂擢 右朝請大夫司農少卿乾道四年三月到六年二月罷

蔡

右朝散郎度支員外郎乾道六年　左朝請郎
洸三月到四月除直秘閣知鎮江府　沈复太府少卿
乾道六年四月淮東總領併歸　右中奉大夫直
淮西通領八月改除湖廣總領　張松顯謨閣江東運
副乾道六年五月兼權兩淮總領十一月除太府少卿
兩淮總領十二月奉旨復置淮東總領罷通領知鎮江
府蔡洸　右朝請大夫太府卿乾　右朝請
暫兼　唐瑑道七年三月到五月罷　蔡洸郎司農
少卿乾道七年五月到除司　右朝散郎戶部員
農卿九年正月除戶部侍郎　曾逮外郎乾道九年到
八月改直顯謨　右朝奉郎戶部員外郎乾道
閣知荊南府　胡與可九年九月到淳熙元年四月
除直敷文閣　承議郎戶部員外郎淳熙元年
知臨安府　許子中四月到轉朝奉郎二年正月宮
觀　奉議郎試軍器少監兼戶部郎官淳熙二
錢良臣年正月到陞守太府少卿累轉朝散郎四
年正月除　朝奉郎戶部員外郎淳熙四
起居郎　趙思年二月到九月除起居舍人　葉翥
朝奉郎金部員外郎淳熙四年十一月到轉
朝散郎除司農卿七年八月除戶部侍郎　宇文子

震朝奉郎秘書省著作郎兼權戶部郎官淳熙七年十一月到九年二月除國子司業　朱佺朝奉

大夫太府少卿淳熙九年二月到轉朝散大夫十年八月丁母憂　吳琚朝散郎戶部員外郎淳熙

十年八月到除司農少卿累轉朝奉大夫十四年十二月除敷文閣待制在京宮觀　趙師羼朝請

郎戶部員外郎淳熙十四年十二月到陞郎中累轉朝散大夫十六年閏月除太府少卿　錢端忠

朝議大夫金部郎中紹熙元年七月到二年十二月改司農少卿淮西總領　劉穎朝請大夫戶部

郎中紹熙元年七月到二年十二月改司農少卿淮西總領　吳珽朝奉郎守太府少卿紹興三年

正月到授太府卿累轉朝請郎五年十一月赴行在奏事換授福州觀察使　葉適朝請郎試太府

卿紹熙五年十二月到慶元二年三月罷　朱希顏中大夫行太府少卿慶元二年四月到除太府

卿四年二月召赴行在供職　沈作賓朝請大夫太府少卿慶元四年二月到除太府卿五年九

月除直龍圖閣知紹興府　薛紹朝散大夫戶部員外郎慶元五年十月到陞郎中轉朝請大夫除太

府少卿二年七月除太常少卿

梁季珌 朝請大夫戶部郎中嘉泰二年八月到轉朝議大夫除太府少卿開禧元年九月除中書門下省檢正諸房公事

趙不僾 朝散大夫戶部郎中開禧元年十月到二年四月罷

林祖洽 中奉大夫守司農卿開禧二年四月到八月除秘閣修撰改差知太平州

程準 朝散大夫戶部郎中開禧二年八月到轉朝請大夫三年五月宮觀

葉籈 降授朝奉郎守太府少卿開禧三年六月到敘轉朝奉大夫嘉定元年八月致仕

汪文振 朝散大夫司農少卿嘉定元年九月到二年七月與監司州郡差遣

林祖洽 中奉大夫權戶部侍郎嘉定二年七月到轉中大夫授試戶部侍郎四年四月除職到部

錢仲彪 中大夫守司農卿嘉定四年六月到八年八月除大理卿召赴行在供職

宋均 朝請郎守尚書戶部郎中嘉定八年八月到

糧料院

薛尙賢　湯東轃　常□□　杜天啟　宋惠疇　翟

紱　李濟老　劉唐稽　王子詠　葛立象　曾協
陸之淵　何幾先　何侑　沈宻一　李嶧　章能謙
陸楠　趙不愚　陳杞　陳字　趙公豫　姜處厚
沈杞　周益　楊王休　韓亞卿　陳昆弼　趙師
誼　章葳　王倘通　趙汝礪　王斐　徐盈　黃謙
王百揆　胡監　舒杲　趙師鼎承議郎嘉定七年五月至　趙
崇模奉議郎嘉定八年六月至

幹辦公事

張孝曾　姚松　陳如晦　鮑禮叔　張臨　張洌
周荃　喬顥　周承勛　趙默　趙公伾　夏蹈中

陳景思　沈程　蘇渭　柴幾　趙彥掞　何處仁

應鏞　趙祐夫　司馬述　喻興之

嘉定鎭江志卷十七終

嘉定鎮江志卷十八

人物

敘 缺

漢包咸字子長曲阿人習魯詩論語舉孝廉除郎中建武中以論語授皇太子拜諫議大夫侍中左中郎將永平五年遷大鴻臚病篤顯宗親駕臨視年七十一卒

吳殷禮字德嗣雲陽人年十九守吳縣丞召除郎中終于零陵太守　基禮子官至無難督　巨字元大基子官偏將軍終蒼梧太守　祐字慶元巨弟官至吳郡太守

玄咨曲阿人大帝之姊壻　璆咨孫爲五官中郎將遷中書令太子少傅

韋曜字玄嗣雲陽人本名昭史爲晉諱之少好學除西安令遷尙書郎太子中庶子歷黃門侍郎孫亮卽位爲太史令撰定吳書孫休踐祚轉中書郎博士祭酒孫皓卽位封高陵亭侯遷中書僕射侍中常領左國史　隆曜子亦有文學

華覈字永先武進人卽丹徒爲上虞尉典農都尉入爲秘府郎遷中書丞孫皓卽位封徐陵亭侯遷東觀令領右國史天册元年以微譴免數歲卒

左思字公行雲陽人歷會稽餘杭長沙三郡太守
晉祖逖字士稚居丹徒之京口元帝用爲奮威將軍豫州刺史渡江中流擊楫自誓曰逖不能清中原而復濟者有如大江後果克復晉土進鎮西將軍卒　納字士言逖兄元帝用爲軍諮祭酒後除光祿大夫卒　約字士少逖弟隨逖渡江元帝用爲掾屬轉從事中郎逖卒自侍中代逖爲平西將軍豫州刺史以功封五等侯進號鎮西將軍　渙逖子官沛國內史
劉混居丹徒官武原令　靖混子官東安太守　翘靖子官郡功曹　渟混弟官正員郎　巖渟子官海西令

涓巖之子官彭城内史

劉爽居京口官尚書都官郎山陰令　仲道爽子劉裕克京城以補建武參軍與孟昶留守事定以爲餘姚令卒官　欽之仲道子官右軍參軍

劉回居京口官中山太守

劉建家京口官征虜將軍　牢之字道堅建子以勇應募謝元用爲參軍破符堅將遷鷹揚將軍廣陵相進平譙城遷龍驤將軍彭城内史以功賜爵武岡縣男攻慕容垂軍敗召還頃之復爲龍驤將軍領彭城太守王恭討王國寶爲府司馬領南彭城内史加輔國將軍破王

欽領晉陵太守王恭敗死代恭都督鎮京口東討孫恩進拜前將軍都督吳郡諸軍事進號鎮北將軍都督會稽五郡元興初討桓元爲前鋒都督征西將軍領江州事元顯敗爲征東將軍會稽太守將襲桓元猶豫不決而死喪歸丹徒

敬宣字萬壽牢之之子起家爲王恭前軍參軍又參元顯征虜軍事轉諮議參軍加甯朔將軍隆安三年孫恩爲亂敬宣進平會稽加臨淮太守遷後軍從事中郎元顯進號驃騎仍隨府轉尋進號輔國將軍牢之敗敬宣奔洛陽劉裕平京口手書召敬宣即馳還爲輔國將軍晉陵太守襲封武岡縣男遷建威將軍

江州刺史尋除冠軍將軍宣城內史襄城太守義熙三年假節監征蜀諸軍事五年劉裕伐鮮卑除中軍諮議參軍加冠軍將軍盧循逼京師遷使持節督馬頭淮西諸郡軍事鎮蠻護軍淮南安豐二郡太守梁國內史循走從劉裕南討轉左衛將軍加散騎常侍出爲使持節督北青州郡軍事征虜將軍北青州刺史領清河太守尋領冀州刺史十一年進號右將軍俄爲小將王猛子所害年四十五

劉毅字希樂居京口初爲桓宏中兵參軍從劉裕誅桓修又誅桓宏以功爲冠軍將軍青州刺史誅桓元進平

巴陵爲使持節兖州刺史轉撫軍將軍都督豫州等諸州事豫州刺史以克復功封南平郡開國公兼都督宣城軍事給鼓吹一部進拜衛將軍開府儀同三司尋爲江州都督遷荆州刺史都督諸軍事後貳于裕爲裕所誅　鎮之字仲德毅從父以左光祿大夫召不就年九十餘卒　模毅兄毅敗奔襄陽魯宗之斬送劉裕　邁字伯羣毅兄初爲殷仲堪中兵參軍後爲晉陵太守封東安侯爲桓元所害　藩毅從弟劉裕義旗建爲龍驤將軍後遷兖州刺史義熙八年毅刺荆州請藩爲副貳裕疑毅僞許之九月藩入朝裕命收藩賜死自表討毅

劉簡之世居京口歷官至通直常侍少府太尉諮議參軍封晉安縣五等侯　謙之簡之弟義熙末爲始興相行州事遷振威將軍廣州刺史後至太中大夫　虔之簡之弟爲江夏相贈梁秦二州刺史封新康縣男

徐甯東海郯人僑治丹徒爲輿縣令以疾去職桓彝薦之庾亮遷吏部郎終左將軍江州刺史　祚之甯子官上虞令　欽之甯孫官秘書監

徐澄之永嘉之亂率子弟南渡江家于京口官州治中　藻澄之子官都水使者　邈藻子孝武帝招延儒學

謝安舉以應選年四十四補中書舍人遷散騎常侍轉

祠部郎前衛率領本郡大中正授太子經安帝卽位拜驍騎將軍隆安元年遭父憂以哀毁卒年五十四　廣字野民邈弟謝元爲徐州辟從事轉鎭北參軍孝武世除秘書郎典校秘書省轉員外散騎郎祠部郎元顯引爲中軍參軍遷領軍長史大將軍文學祭酒義熙初除鎭軍諮議參軍領記室封樂成縣五等侯轉員外散騎常侍領著作郎撰成國史遷驍衛將軍領徐州大中正轉員外常侍大司農遷秘書監歸老京口年七十四卒

浩邈子散騎侍郎鎭南將軍何無忌請爲功曹出補西陽太守與無忌俱爲盧循所害

王雅字茂達東海郯人魏衛將軍肅之曾孫州檄主簿舉秀才除郎中出補永興令累遷尚書左右丞歷廷尉侍中左衛將軍丹陽尹領太子左衛率遷太子少傅轉領軍尚書散騎常侍終左僕射隆安四年卒年六十七追贈光祿大夫儀同三司　準之雅子官散騎侍郎司徒左長史　協之準之弟官黃門　延年準之子官員外常侍

孟珩居京口官河南尹　淵珩孫官右光祿大夫　綽淵子官給事中光祿勳贈金紫光祿大夫

孟馥家京口官中護軍　昶馥子為青州主簿劉裕為

徐州昶爲長史桓元平爲丹陽尹裕北討監中軍留府
事後至尚書僕射
臧汪字山甫家居京口官尚書郎　儁字宣義汪子官
郡功曹　熹字義和儁次子初參劉裕鎭軍事員外散
騎侍郎領東海太守以建義功封始興縣五等侯又參
劉裕車騎中軍軍事建威將軍臨海太守召拜散騎常
侍母憂去職起爲甯朔將軍領建平巴東二郡太守義
熙九年卒年三十九贈光祿勳
何倫東海郯人官右衞將軍　肹倫姪官益陽令
何無忌居京口州辟從事轉太學博士爲東海王國中

尉加廣武將軍同劉裕起義敗走桓元遷輔國將軍琅邪內史桓謙等敗走侍衛安帝還京師督豫州等五郡軍事右將軍豫州刺史加節甲仗五十人入殿未之職遷會稽內史督江東五郡軍事給鼓吹一部義熙二年遷都督八郡軍事江州刺史以興復之功封安城郡開國公增督司州之宏農揚州之松滋加散騎侍郎進鎮南將軍徐道覆順流而下無忌督戰握節死之詔贈侍中司空謚忠肅

殷確曲阿人官參軍贈散騎侍郎

殷曠之居丹徒仕至剡令

蕭源之字君流南蘭陵人曲阿縣東五十里宅在曲阿墓在京口歷中書黄門郎徐兖二州刺史冠軍將軍南瑯邪太守贈前將軍

諸葛長民居丹徒桓元引爲參軍平西軍事同劉裕建義爲揚武將軍從討桓元拜輔國將軍宣城内史擊走桓歆封新塗縣公以本官督淮北諸軍事義熙初擊走慕容超進使持節督青揚二州諸軍事青州刺史領晉陵太守盧循平轉督豫州等諸軍事豫州刺史領淮南太守裕討劉毅長民監太尉留府事裕疑而殺之　黎民長民弟劉毅被誅長民猶豫未發爲裕所殺使收黎

民驍勇絶人與捕者苦戰而死　幼民黎民弟爲大司
馬參軍二兄被殺逃于山中裕追擒殺之
檀憑之字慶子居京口初爲會稽王驃騎行參軍轉桓
修長流參軍領東莞太守加甯遠將軍劉裕建義以爲
建武將軍與桓元將皇甫敷戰羅落橋爲敷軍所害贈
冀州刺史義熙初詔加贈散騎常侍封曲阿縣公
宋劉道憐居京口高祖從弟爲徐州從事史桓元走除
員外散騎侍郎尋遷建威將軍南彭城內史高祖鎭京
口進號龍驤將軍領堂邑太守義熙二年加使持節監
征蜀諸軍事以義勳封新興縣五等侯四年爲幷州刺

史義昌太守進號征虜將軍督淮北軍郡事北東海太守又封新淦縣男從征廣固加使持節進號左將軍七年解并州加北徐州刺史鎮彭城八年召爲都督兗青二州晉陵京口淮南諸軍郡事兗青州刺史還鎮京口九年改封竟陵縣公十一年進號中軍將軍加散騎常侍給鼓吹一部十二年監留府事江陵平都督七州諸軍驃騎將軍開府儀同三司鎮護南蠻校尉荆州刺史召還爲侍中都督徐兗青三州揚州之晉陵諸軍事徐兗二州刺史元興元年進位司空再鎮京口高祖受命進位太尉封長沙王永初三年薨年五十五追贈太傅

道規字道則高祖少弟初爲征虜中兵參軍誅桓玄爲振武將軍義昌太守江陵平進號輔國將軍督淮北諸軍事并州刺史義昌太守進督九郡諸軍事以義勳封華容縣公遷使持節都督六州司州之河南諸軍事領護南蠻校尉荆州刺史桓謙平進號征西將軍又進大將軍開府儀同三司加散騎常侍改授二州六郡諸軍事豫州刺史以疾薨年四十三追贈侍中司徒謚烈武進封南郡公高祖受命贈大司馬追封臨川王　遵考高祖族弟始爲振武參軍預討盧循封鄉侯隨高祖定長安督五郡諸軍事輔國將軍并州刺史除游擊將

軍遷冠軍將軍高祖卽位封營浦縣侯以本號爲彭城
沛三郡太守景平初遷右衛將軍元嘉二年出爲征虜
將軍淮南太守三年轉使持節領護軍入直殿省出爲
使持節督四州六郡諸軍征虜將軍甯蠻校尉雍州刺
史襄陽新野二郡太守七年除太子右衛率加給事中
八年督南徐兗州之江北淮南諸軍事南兗州刺史領
廣陵太守召爲侍中領後軍將軍徙太常九年遷右衛
將軍加散騎常侍十五年領徐州大中正太子中庶子
監徐兗二州豫州之梁郡諸軍事前將軍徐兗二州刺
史未之鎭留爲侍中領左衞將軍十六年出爲持節監

四州四郡諸軍事豫州刺史領南梁郡太守二十五年
召爲領軍三十年復出爲使持節監豫州刺史進號安
西將軍鎮西將軍孝建二年遷尙書左僕射三年轉丹
陽尹五年遷尙書左僕射金紫光祿大夫廢帝卽位遷
特進右光祿大夫景和元年出督南豫州諸軍事南豫
州刺史太宗卽位爲侍中領崇憲太僕泰始五年賜几
杖四時珍味後廢帝卽位進左光祿大夫元徽元年卒
年八十二謚元　義欣道憐長子嗣封爲員外散騎侍
郞歷中領軍征虜將軍青州刺史魏郡太守元嘉元年
進號後將軍加散騎常侍三年爲南兖州刺史七年遷

使持節監四州諸軍豫州刺史十年進號鎮軍將軍進監爲都督十六年薨年三十六追贈散騎常侍征西將軍開府儀同三司謚成　義融義欣弟永初元年封桂陽縣侯歷侍左衛軍領太子中庶子五兵尚書領軍元嘉十八年卒追贈車騎將軍謚恭　義宗字伯奴義融弟賜爵新渝縣男永初九年進爵爲侯歷黃門侍郎太子左衛率轉侍中太子詹事加散騎常侍征虜將軍南兖州刺史元嘉二十一年卒追贈平北將軍謚惠　義賓義宗弟元嘉二年封新野縣侯六年改封興安縣侯黃門郎秘書監左衛將軍轉輔國將軍徐州刺史二十

五年卒追贈後將軍謚肅　義綦義賓弟元嘉六年封營道縣侯歷右衞將軍湘州刺史孝建二年卒贈平南將軍謚僖　義慶道規子年十三襲封南郡公義熙十二年從伐長安拜輔國將軍北青州刺史徙督豫州諸軍豫州刺史復督淮北諸軍事永初元年襲封臨川王召爲侍中元嘉元年轉散騎常侍秘書監徙度支尚書遷丹陽令六年加尚書左僕射八年加中書令進號前將軍九年出爲使持節都督七州諸軍平西將軍荆州刺史十六年改散騎常侍荆州刺史衞將軍十七年即本號都督六州諸軍事南兖州刺史尋加開府儀同三

司二十一年薨年四十三追贈侍中司空謚康　思考
遵考從弟官豫章會稽太守兼徐州刺史泰始元年以
散騎常侍金紫光祿大夫卒年七十五追贈特進　琨
之遵考子初爲竟陵王誕司空主簿誕作亂以琨之爲
中兵參軍不就死之追贈黄門郎
劉穆之字道和世居京口初爲琅邪府主簿從高祖平
京邑遷尚書祠部郎復爲府主簿記室錄事參軍領堂
邑太守以功封西華縣五等子轉中軍太尉司馬義熙
八年加丹陽尹建威將軍置佐史諸葛長民誅進前將
軍十一年遷尚書右僕射領選十二年轉左僕射領監

軍中軍二府軍司甲仗五十人入居東城十三年疾篤十一月卒年五十八追贈散騎常侍衛將軍開府儀同三司重贈侍中司徒封南昌縣侯高祖受禪思佐命元勳詔進南康郡公謚文宣元嘉九年配食高祖廟庭

慮之穆之之子仕至員外散騎常侍　邕慮之之子嗣封

式之字延叔穆之之中子累遷相國中兵參軍太子中舍人黃門侍郎甯朔將軍宣城淮南二郡太守還爲太子右率右衛將軍吳郡太守卒追贈征虜將軍以從征關洛功封德陽縣五等侯謚恭　敳式之長子爲太宰從事中郎世祖初轉黃門侍郎　衍敳弟大明末爲黃門

郎出爲豫章內史終中護軍　瑀字茂琳衍弟補南徐州別駕從事史遷從事中郎領淮南太守元嘉二十九年出爲甯遠將軍益州刺史轉青州刺史世祖卽位召爲御史中丞尋轉右衞將軍孝建三年除輔國將軍益州刺史俄免官大明元年起爲東陽太守二年遷吳興太守卒謚剛　子卷瑀子官南徐州別駕　藏子卷弟官尚書左丞　正之穆之少子官中書黃門侍郎太子右衞率甯朔將軍江夏內史　裒正之子官至始興相

劉秀之字道寶世居京口景平二年除駙馬都尉奉朝請家貧求爲廣陵郡丞仍除撫軍出爲無錫陽羨烏程

令並著能名元嘉十六年遷建康令除尚書中兵郎世祖鎮襄陽以爲撫軍錄事參軍襄陽令改領廣平太守二十五年除督梁南北秦三州諸軍事甯遠將軍西戎校尉梁南秦二州刺史遷使持節督益甯二州諸軍事甯朔將軍益州刺史進號征虜將軍改督爲監封康樂縣侯遷監郢州諸軍事郢州刺史未就大明元年召爲右衛將軍遷丹陽尹三年拜尚書右僕射領太子右衛率五年出爲使持節散騎常侍都督諸軍事安北將軍甯蠻校尉雍州刺史未行卒年六十八詔贈侍中司空謚忠成　景遠秀之子官至前軍將軍嗣封　雋景遠

子嗣封齊受禪國除　粹之秀之弟官晉陵太守
劉粹字道沖家京口初爲州從事高祖克京城參建武軍事從平京邑轉參鎮軍事尋加建武將軍沛郡太守又領下邳太守復爲車騎中軍參軍以功封西安縣五等侯轉中軍諮議參軍盧循逼京邑奉太祖鎮京口轉游擊將軍遷建威將軍江夏相衛將軍劉毅平封灄縣男母憂去職起爲甯朔將軍竟陵太守進號輔國將軍遷相國右司馬侍中中軍司馬冠軍將軍遷左衛將軍永初元年以佐命功改封建安縣侯二年督江北淮南郡事征虜將軍廣陵太守三年以本號督四州三郡諸

軍事豫州刺史領梁郡太守鎮壽陽景平二年貶甯朔將軍太祖即位遷使持節督四州六郡諸軍事領甯蠻校尉雍州刺史襄陽新野二郡太守元嘉四年卒年五十三追贈安北將軍　曠之粹子嗣封官至晉熙太守　琛曠之子嗣封卒無子國除　亮琛弟昇明末官尚書駕部郎　懷之粹庶長子官臨川内史　道濟粹弟爲尚書起部郎車騎從事中郎撫軍司馬河東太守遷振武將軍益州刺史卒　損字子騫粹族弟元嘉中歷職義興太守遷吳郡太守卒贈太常

劉伯龍居京口歷位尚書左丞少府武陵太守

劉康祖世居京口初爲長沙王鎭軍參軍轉員外散騎侍郎被劾罷爲員外郎轉太子左積弩將軍世祖刺豫州鎭歷陽以康祖爲征虜中兵參軍轉太子翊軍校尉遷安蠻府司馬轉左軍將軍贈益州刺史謚壯

劉道產世居京口初爲輔國參軍無錫令加振武將軍除甯遠將軍巴西梓潼二郡太守還爲驃騎中兵參軍元嘉三年督梁南秦二州諸軍事刺史西戎校尉七年召爲後軍將軍八年遷左將軍諮議參軍仍持節督三州六郡諸軍事甯蠻校尉雍州刺史襄陽太守十三年進號輔國將軍十九年卒追贈征虜將軍謚襄　道錫

道產弟爲廣威將軍巴西梓潼二郡太守遷冠軍諮議
參軍又遷揚烈將軍廣州刺史卒　延孫道產長子初
爲徐州主簿舉秀才司徒行參軍尚書都官郎錢塘令
中兵參軍南清河太守世祖爲徐州補治中從事史世
祖卽位爲侍中領前軍將軍封東昌縣侯改領衞尉孝
建元年遷丹陽尹出爲冠軍將軍吳興太守置佐史召
爲尚書右僕射領徐州大中正三年又出爲南兗州刺
史加散騎常侍徙爲使持節監四州二郡諸軍事鎮軍
將軍甯蠻校尉雍州刺史以疾不行大明元年除金紫
光祿大夫領太子詹事出爲南徐州刺史三年進號車

騎將軍加散騎常侍給鼓吹一部五年召爲侍中尚書左僕射領護軍將軍六年卒年五十二贈司徒給班劍二十人謚文穆　質延孫子嗣封泰始中國除　延熙延孫弟大明中爲司徒右長史黃門郎臨海義興太守劉宏之惔四世孫官給事中　惠宏之子官治書侍御史臨賀太守

虞邱進字豫之東海郯人少時隨謝元討苻堅有功封關內侯征孫恩破盧循定京邑除燕國內史義熙二年除龍驤將軍封龍川縣五等侯除鄱陽太守斬徐道覆除甯蠻護軍尋陽太守領文武劉毅平補太尉行參軍

尋加振威將軍九年以前後功封望蔡縣男加龍驤將軍輔國將軍山陽太守遷秦郡太守督陳留郡事永初二年遷太子右衛率卒官年六十進爵子　耕進子嗣封　襲祖耕子嗣封　世寶襲祖子嗣封齊受禪國除

檀韶字令孫世居京口初辟南徐州從事西曹主簿輔國司馬從高祖平京城行參建武將軍事都邑既平爲鎮軍將軍加甯遠將軍東海太守進號建武將軍遷龍驤將軍秦郡太守北陳留內史以平桓元功封巴邱縣侯參車騎將軍事遷騎將中軍諮議參軍加甯朔將軍領北琅邪太守琅邪內史討盧循有功更封宜陽縣侯

義熙七年號輔國將軍八年丁母憂起爲冠軍將軍遷淮南太守鎮姑熟尋進號左將軍領本州大中正十二年督二郡諸軍事江州刺史高祖受命以佐命功增食邑永初二年卒年五十六追贈安南將軍加散騎常侍

緒韶子嗣封　臻字係宗韶次子位員外郎　遐臻子嗣封　珪字伯玉臻次子歷沅南令板征北行參軍終安成郡丞　秪字恭叔韶弟少爲孫無終輔國參軍復爲王誕龍驤參軍從高祖克京城參建武軍事京邑平參鎮軍事加振武將軍除龍驤將軍秦郡太守北陳留內史加甯朔將軍封西昌縣侯義熙五年入爲中書

侍郎八年遷右衛將軍出爲輔國將軍宣城內史卽本號督江北淮南軍郡事青州刺史廣陵相進號征虜將軍加節十一年進號右衛將軍十四年宋國初建爲領軍將軍加散騎常侍卒年五十一贈撫軍將軍謚威

獻秪子嗣封元熙中卒　明獻弟獻卒紹秪封　宣明子嗣封　逸宣子嗣封齊受禪國除　道濟秪弟從高祖入京城參建武軍事擒桓振除輔國參軍南陽太守以勳封吳興縣五等侯盧循寇逆爲揚武將軍天門太守遷安遠護軍武陵內史復爲太尉參軍拜中書侍郎轉甯朔將軍參太尉軍事以前後功封作唐縣男補太

尉主簿諮議參軍世子鎮京口爲司馬臨淮太守梁國
内史復爲世子征虜司馬加冠軍將軍從平長安爲征
虜將軍琅邪内史遷持節南蠻校尉宋國侍中領世子
中庶子兖州大中正高祖受命轉護軍加散騎常侍領
石頭戍事以佐命功封永修縣公徙丹陽尹高祖不豫
給班劒二十人出監南徐兖之江北淮南諸郡軍事鎮
北將軍南兖州刺史景平元年虜圍青州加使持節監
征討諸軍事還鎮廣陵太祖卽位進號征北將軍給鼓
吹進封武陵郡公固辭增督五郡諸軍事謝晦平遷都
督四郡諸軍事征南大將軍開府儀同三司江州刺史

增食邑北討還進位司空還鎮尋陽元嘉十三年以威名太盛被誅　植道濟子官給事黃門侍郎　粲植弟官司徒從事中郎　隰粲弟官太子舍人　承伯隰弟官秘書郎　孺道濟孫父邕道濟第七子孺至世祖世爲奉朝請

檀嶷之字宏宗居京口官南琅邪太守　道彪字萬壽嶷之子官正員郎　道鸞字萬安道彪弟官國子博士永嘉太守

向靖字奉仁世居京口從高祖平京城參建武軍事進平京邑板參鎮軍軍事加甯遠將軍義熙三年遷建武

將軍秦郡太守北陳留內史以平京城功封山陽縣五等侯轉中軍諮議參軍征盧循還除太尉諮議參軍下邳太守八年轉游擊將軍尋督馬頭淮西諸郡軍事龍驤將軍鎮蠻護軍安豐汝陰二郡太守梁國內史戍壽陽以平廣固盧循功封安南縣男十年遷冠軍將軍高陽內史臨淮太守領石頭戍事遷吳興太守高祖北伐督北青州諸軍事北青州刺史高祖受命以佐命功封曲江縣侯遷太子左衛率加散騎常侍永初二年卒年五十九追贈前將軍　植靖子嗣封　柳字元季植弟歷征北中軍參軍始興內史南康相　邵靖弟永初中

爲宣城太守元嘉初卒于義興太守
孟懷玉世居京口初爲建武司馬豫義旗從平京城之功封鄱陽縣五等侯高祖鎮京口爲鎮軍參軍下邳太守義熙三年出爲甯朔將軍西陽太守新蔡內史遷中書侍郎轉輔國將軍盧循逼京邑以戰功爲中軍諮議參軍循平封陽豐縣男復爲太尉諮議參軍征虜將軍八年遷江州刺史尋督六郡諸軍事南中郎將十一年加持節丁父艱解官卒年三十一追贈平南將軍　元懷玉子嗣封鄱陽縣侯卒無子國除　慧熙懷玉次子嗣封陽豐縣男　龍符懷玉弟高祖克京城爲建武將

軍以戰功參鎮軍軍事封平昌縣五等子加甯遠將軍
淮陵太守斬桓歆除建威將軍東海太守從伐廣固爲
車騎將軍加龍驤將軍廣川太守戰死年三十三追贈
青州刺史追封臨沅縣男　微生龍符弟仙客子龍符
無子微生嗣封　佛護微生弟彥祖子微生奪爵佛護
襲封齊受禪國除　係祖微主子入隸羽林爲殿中將
軍元嘉二年與索虜戰死詔贈潁川郡太守
孟靈休昶子官秘書監封臨汝公
徐羨之字宗文東海郯人少爲太子少傅主簿鎮北功
曹尚書祠部郎撫軍中兵曹參軍高祖義旗建板爲鎮

軍參軍尚書庫部郎領軍司馬司徒左西屬徐州別駕從事史太尉諮議參軍義熙十一年除鷹揚將軍琅邪內史高祖北伐轉太尉左司馬掌留任副貳劉穆之穆之卒爲吏部尚書建威將軍丹陽尹總知留任甲仗二十人出入轉尚書僕射高祖踐祚進號鎮軍將軍加散騎常侍封南昌縣公遷尚書令揚州刺史進位司空錄尚書事高祖不豫加班劍三十人被顧命太祖踐祚進司徒南平郡公上表遜位被誅年六十三　喬之羨之子尚高祖第六女富陽公主官至竟陵王文學　佩之羨之兄欽之之子爲丹陽尹吳郡太守　逵之佩之弟尚

高祖長女會稽公主爲振威將軍彭城沛二郡太守討司馬休之爲前鋒于陣見害追贈中書侍郎　湛之字孝源逵之子高祖之外孫永初三年封枝江縣侯元嘉二年除著作佐郎員外散騎侍郎並不就六年補太子洗馬轉國子博士遷奮威將軍南彭城沛二郡太守徙黃門侍郎加輔國將軍遷秘書監領右軍將軍轉侍中加驍騎將軍散騎常侍遷中護軍太子詹事尋加侍中遷冠軍將軍丹陽尹進號征虜將軍二十四年轉中書令領太子詹事出爲前軍將軍南兗州刺史二十八年爲尚書僕射領護軍將軍見害于元凶劭年四十四世

祖即位追贈司空謚忠烈　聿之湛之子官著作郎

恒之聿之弟嗣侯尚太祖第十五女南陽公主

徐豁字萬同居京口隆安末爲太學博士轉秘書郎尚書倉部郎鎮南參軍丞世令建武司馬中軍參軍尚書左丞丞初初爲鎮軍司馬山陰令元嘉初爲始興太守五年持節督二州諸軍事甯遠將軍平越中郎將廣州刺史未拜卒年五十一

徐憑道東海郯人官海陵太守

徐長宗東海郯人官霸府行參軍

徐耕延陵人元嘉二十一年以米助官賑貸酬以縣令

沈林子字敬士移居京口從高祖克京城以佐命功封
漢壽縣伯終輔國將軍
王萬慶雅之孫官員外常侍　元閔萬慶子官護軍司
馬
王徽字景元琅邪人隸南徐州舉南徐州秀才不就起家司
徒祭酒轉主簿功曹記室參軍太子中舍人始興王友
父憂服闋除中書侍郎南琅邪義興太守吏部郎並不
就卒詔贈秘書監
臧燾字德仁儁長子晉太元中立國學燾爲明教後除
臨沂令義旗建爲太學博士參右將軍軍事轉鎭南將

軍參高祖中軍軍事入補尚書度支郎改掌祠部襲封
高陵侯遷通直郎鎮軍車騎中軍太尉諮議參軍高祖
北伐除大司馬從事中郎總留府事義熙十四年除侍
中高祖受命召拜太常永初三年致仕拜光祿大夫加
金章紫綬卒年七十贈左光祿大夫加散騎常侍　邃
肅長子官護軍司馬宜都太守　綽肅少子官太子中
舍人新安太守　諶之邃長子官尚書都官郎烏程令
凝之諶之弟歷後軍記室錄事遷尚書右丞　賁字
士若凝之子官尚書主客郎征西功曹　潭之凝之弟
太宗世歷尚書吏部郎御史中丞元徽中爲左民尚書

卒官　澄之潭之弟官太子左積弩將軍元嘉二十七年戰死贈通直郎　煥綽子昇明中爲武昌太守　稜彙弟官至後軍參軍

臧質字含文熹子年未二十爲世子中軍行參軍元嘉元年爲員外散騎侍郎母憂去職服闋爲江夏王撫軍徙爲給事中出爲建平太守遷甯遠將軍歷陽太守江夏王內史復爲建武將軍巴東建平二郡太守召爲使持節都督二州諸軍事徐兖二州刺史太祖北討爲輔國將軍假節置佐守盱眙有功遷使持節監四州諸軍事冠軍將軍甯蠻校尉雍州刺史封開國子後爲丹陽

尹加征虜將軍世祖卽位爲江州刺史加散騎常侍

蕭思話源之子年十八除大司馬行參軍轉相國參軍父憂去服闋拜羽林監襲爵封陽縣侯轉宣威將軍彭城沛二郡太守元嘉五年遷中書侍郎督青徐州之東莞諸軍事振武將軍青州刺史八年除左軍司馬南沛郡太守九年督梁南秦二州諸軍事二州刺史橫野將軍十四年遷平西長史南蠻校尉十九年召爲侍中領前軍將軍二十年遷持節監四州六郡諸軍事雍州刺史襄陽太守二十二年除侍中領太子右率二十四年改領左衛將軍南徐州大中正二十五年復刺雍州二

十六年召爲吏部尚書二十七年遷護軍將軍持節監
四州梁郡諸軍事撫軍將軍兖徐二州刺史世祖卽位
召爲散騎常侍尚書左僕射固辭改中書令丹陽尹明
年出爲使持節都督五州梁郡諸軍事安北將軍徐州
刺史加鼓吹一部移都督三郡諸軍事江州刺史移都
督郢湘二州諸軍事鎭西將軍郢州刺史孝建二年卒
年五十贈征西將軍開府儀同三司謚穆　惠開思話
長子初爲秘書郎轉太子舍人尚書水部郎征北府主
簿南徐州治中從事史汝陰王友大將軍大司馬從事
中郎孝建元年自太子中庶子轉黄門侍郎大明二年

出爲北中郎長史甯朔將軍襄陽太守襲封陽縣侯入爲御史中丞遷侍中八年持節督青冀二州諸軍事輔國將軍青冀二州刺史改督益甯二州刺史太宗卽位進號冠軍將軍平西將軍改督爲都督泰始六年除少府加給事卒年四十九　惠明憙開弟歷黃門郎御史中丞司徒左長史吳興太守元徽末卒官　僧珍思話弟官廷尉卿

關康之字伯愉世居京口元嘉中太祖聞康之有學義除武昌國中軍將軍江夏王廣陵王辟爲南徐州從事西曹並不就得疾寢頓二十餘年泰始初召爲通直郎

又辭以疾昇明元年卒年六十三
何承天東海郯人隆安四年爲南蠻參軍義旗初除瀏
陽令劉毅板爲行參軍出補宛陵令尋陽司馬除太學
博士義熙十一年爲世子征虜參軍錢塘令宋臺建召
爲尚書祠部郎永初末補南臺治書御史謝晦鎮江陵
請爲南蠻長史轉諮議參軍領記室晦敗行南蠻府事
元嘉十年到彦之北伐請爲右軍錄事歸補尚書殿中
郎兼左丞十六年除著作佐郎轉太子率更令十九年
領國子博士遷御史中丞二十四年遷廷尉未拜卒年
七十八　翼承天子官員外郎

何助無忌子封安城公官至侍中
戴顒居京口黃鵠山竹林精舍官通直散騎侍郎國子
博士元嘉中召除太子中庶子散騎常侍並不就
戴明寶丹徒人歷員外散騎侍郎給事中世祖初爲南
清河太守前廢帝卽位爲宣威將軍南東莞太守太宗
初爲前軍將軍遷宣威將軍晉陵太守進爵爲侯泰始
三年爲安陸太守加甯朔將軍游擊驍騎將軍武陵內
史宣城太守昇明初拜太中大夫病卒
奚顯度南東海郯人官至員外散騎侍郎
齊蕭惠基思話子惠明弟解褐著作佐郎征北行參軍

尚書水部左民郎出爲湘東內史除奉車都尉撫軍車
騎主簿宋泰始中出爲武陵內史轉中書黄門郎又出
爲豫章太守還爲吏部郎遷長兼侍中討沈攸之加輔
國將軍事甯解軍號領長水校尉太祖卽位拜征虜將
軍衛尉轉征虜將軍東陽太守加秩中二千石還爲都
官尚書轉掌吏部永明三年以久疾徙爲侍中領驍騎
將軍五年遷太常給事中六年卒年五十九贈金紫光
祿大夫　惠休惠基弟永明四年爲廣州刺史十一年
自輔國將軍爲徐州刺史鬱林卽位進號冠軍將軍建
武二年遷侍中領步兵校尉封建安縣子永元元年徙

吳興太守召爲右僕射二年卒贈金紫光祿大夫　惠照惠休弟永明九年爲征虜長史行南兗州事　惠蒨惠照弟官左民尚書

劉季連字惠績思考子早歷清官建武中爲南郡太守遷輔國將軍益州刺史永元元年召爲右衛將軍

劉祥字顯徵穆之曾孫解褐爲征西行參軍歷驃騎中軍二府太尉東閤祭酒驃騎主簿建元中爲征虜功曹除正員外永明初遷長沙王鎭軍板諮議參軍累遷驃騎從事中郎後徙廣州卒　彪祥從祖兄穆之正允建元初降封南康縣公虎賁中郎將　整祥兄卒官廣州

劉瓛字子珪惔六世孫宋大明中舉秀才袁粲薦爲祕書郎除邵陵王郡主簿安陸王國常侍安成王撫軍行參軍公事免自此不復仕除車騎行參軍南彭城郡丞尚書祠部郎並不拜太祖踐阼重拜彭城郡丞兼總明觀祭酒除會稽郡丞承明初竟陵王子良請爲征北司徒記室除步兵校尉並不拜七年卒年五十六梁天監元年爲瓛立碑謚曰正簡先生　璡字子璥瓛弟宋泰豫中爲明帝挽郎舉秀才爲征北主簿安南行參軍建元初除冠軍參軍文惠太子召璡入侍東宮尋拜中兵兼記室參軍大司馬軍事射聲校尉卒官

劉尚父靈貞宋司空秀之弟尚官越騎校尉

王諶字仲和雅元孫宋大明中辟徐州迎主簿又爲州迎從事轉行參軍明帝即位除司徒參軍帶薛令兼中書舍人尋除尚書殿中郎徙記室參軍正員郎兼中書郎出爲湘東太守秩中二千石歷臨川内史還爲尚書左丞尋以本官領東觀祭酒遷黄門轉正員常侍輔國將軍冠軍將軍給事中廷尉建元中爲征虜長史永明初遷太尉司馬淮南太守行府州事五年除黄門郎領驍騎將軍遷太子中庶子八年行南兗州府事九年卒年六十九　摛諶從叔爲秣陵令轉永陽郡終尚書左

丞

王延之字希季瑯邪人舉南徐州秀才除中軍主簿記室轉秘書丞撫軍諮議州別駕冠軍後軍司馬加振武將軍出爲安遠護軍武陵内史不拜轉長史加宣威將軍甯朔將軍遷侍中領射聲校尉未拜出爲吳郡太守還除吏部尚書領驍騎將軍出爲後軍將軍吳興太守遷都督浙東五郡會稽太守轉侍中秘書監晉熙王師遷中書令未拜轉右僕射宋昇明二年轉左僕射三年出爲江州刺史建元二年進號鎮南將軍四年遷右光祿大夫本州大中正再轉左僕射領竟陵王師永明二

年轉特進卒年六十四謚簡

徐孝嗣字始昌聿之子八歲襲封枝江縣公拜駙馬都尉除著作郎母喪去官爲司空太尉二府參軍安武王文學宋昇明中遷太祖驃騎中郎帶南彭城太守齊臺建爲世子庶子建元初出爲晉陵太守還爲太子中庶子領長水校尉未拜爲征虜長史遷尙書吏部郎太子右衞率出爲吳興太守召爲五兵尙書二年遷太子詹事轉吏部尙書加右軍將軍領太子左衞率隆昌元年遷散騎常侍前將軍丹陽尹高宗卽位封枝江縣侯給鼓吹一部甲仗五十人入殿轉僕射加侍中中軍大將

軍進爵爲公增封食邑給班劍二十人加兵百人轉尚書令領本州中正建武四年進號開府儀同三司加中書監永元初轉特進位司空卒年四十七謚文忠　演孝嗣長子尚世祖女武康公主拜駙馬都尉解褐著作郎太子舍人秘書丞枝江公世子司徒右長史黃門郎領步兵校尉太子中庶子贈侍中謚簡　沈孝嗣第三子尚明帝女山陰公主拜駙馬都尉贈散騎侍郎

徐融東海郯人官南昌相

徐度之東海人官南徐州議曹從事史

臧榮緒隱居京口初南徐州辟西曹舉秀才不就太祖

爲揚州召爲主簿不到永明六年卒年七十四

檀超字悅祖道彪子解褐州西曹舉秀才孝建初板宣威府參軍敕直東宮除驃騎參軍甯蠻主簿鎮北諮議轉尚書度支郎車騎功曹桂陽內史入爲殿中郎兼中書郎零陵內史征北驃騎記室國子博士兼左丞遷驃騎將軍建元二年掌史職卒官

邱巨源蘭陵人初舉孝廉宋大明五年敕助徐爰撰國史明帝卽位使參詔誥自南臺御史爲鎮軍參軍歷佐諸王府轉羽林監建元元年爲尚書主客郎領軍司馬越騎校尉武昌太守

何詢東海郯人翼之子官太尉中兵參軍
何敬叔東海郯人官征東錄事參軍餘杭令
何慧炬東海人官尚書郎
梁蕭惠訓惠開從弟齊末爲巴東相武帝時爲太中大夫卒官　琛字彥瑜惠訓子起家齊太學博士辟丹陽簿舉南徐州秀才累遷司徒記室永明九年爲通直散騎侍郎遷司徒右長史出爲晉熙王長史行南徐州事還兼少府卿尚書左丞高祖定京邑用爲驃騎諮議領錄事遷給事黃門侍郎梁臺建爲御史中丞天監元年遷庶子出爲宣城太守召爲衛尉卿遷員外散騎常侍

三年除太子中庶子散騎常侍九年出爲甯遠將軍平西長史江夏太守尋遷安西長史南郡太守母憂去官又父艱起爲信武將軍護軍長史俄爲正毅將軍太尉長史出爲信威將軍東陽太守遷吳興太守普通元年召爲宗正卿遷左民尙書領南徐州大中正太子右衛率徙度支尙書左驍騎將軍領軍將軍轉秘書監後軍將軍遷侍中大通二年爲金紫光祿大夫加特進給親信三十人中大通元年爲雲麾將軍晉陵太守秩中二千石改授侍中特進金紫光祿大夫卒諡平　遊琛子官少府卿

蕭介字茂鏡思話孫惠蒨子齊丞元末釋褐著作佐郎天監六年除太子舍人八年遷尚書金部郎十二年轉主客郎出爲吳令普通三年爲湘東王諮議參軍大通二年除給事黃門侍郎大同二年爲揚州長史始興太守七年召爲少府卿加散騎常侍遷都官尚書中大同二年辭疾致仕就拜光祿大夫卒于家　昕素思話孫惠明子起家爲齊司徒法曹行參軍遷著作佐郎太子舍人尚書三公郎丞元末爲太子洗馬天監初爲臨川友丹陽尹丞遷司徒左西屬南徐州治中召爲中書侍郎辭不就八年卒私謚正文先生　洽字宏稱惠基子

齊永明中爲國子生舉明經起家著作佐郎遷西中郎外兵參軍天監初爲前軍主簿尚書三公郎遷太子中舍人出爲南徐州治中除司空從事中郎爲建安內史坐事免起爲護軍長史北中郎諮議參軍遷太府卿臨川王司馬普通初拜員外散騎常侍兼御史中丞二年遷散騎常侍出爲招遠將軍臨海太守還拜司徒左長史六年卒官

蕭愷南蘭陵人舉南徐州秀才對策高第起家秘書郎遷太子中舍人王府主簿太子洗馬父憂去職復除洗馬遷中書舍人累遷宣城王文學中書郎太子家令改

中庶子未拜徙爲吏部郎太清二年遷御史中丞侍中
卒官

江淹字文通濟陽考城人（隸南徐州）舉南徐州秀才對策上
第轉巴陵王國左常侍鎮軍參軍事領南東海郡丞宋
昇明初召爲尚書駕部郎驃騎參軍事齊建元初爲驃
騎記室參掌詔册并典國史遷中書侍郎永明初遷驍
騎將軍出爲建威將軍廬陵內史遷爲驍騎將軍兼尚
書左丞少帝初以本官兼御史中丞明帝即位除廷尉
卿加給事中遷冠軍長史加輔國將軍出爲宣城太守
還爲黃門侍郎領步兵校尉遷秘書監東昏末兼衛尉

中興元年遷吏部尚書天監元年爲散騎常侍左衛將
軍封臨沮縣開國伯以疾遷金紫光祿大夫改封醴陵
侯四年卒謚憲
江革字休暎濟陽考城人舉南徐州秀才解褐奉朝請
除尚書駕部郎中興元年爲征北記室參軍帶中廬令
入爲丹陽尹記室領五官掾除通直散騎常侍頻遷秣
陵建康令入爲中書舍人尚書左丞司農卿復出爲晉
安王長史尋陽太守行江州府事徙廬陵王長史遷左
光祿大夫南平王長史御史中丞除少府卿出爲鎮威
將軍南康王長史廣陵太守改授豫章王長史除折衝

將軍武陵王長史會稽郡丞行府州事除都官尚書尋監吳郡除明威將軍南中郎長史尋陽太守召入爲度支尚書謝病還家除光禄大夫領步兵校尉南北兖二州大中正大同元年卒謚彊

王琳字孝璋瑯邪人舉南徐州秀才釋褐征虜法曹司徒東閤祭酒南平王文學尚義興公主拜駙馬都尉累遷中書侍郎衛軍長史員外散騎常侍出爲明威將軍東陽太守召爲司徒左長史

王規字威明瑯邪人舉南徐州秀才起家校書郎累遷太子舍人司徒左西屬從事中郎雲麾諮議參軍久之

爲新安太守襲封南昌縣侯中書黃門侍郎大通三年遷五兵尚書領步兵校尉中大通二年出爲貞威將軍驃騎長史吳郡太守召爲左民尚書領右軍將軍未拜爲散騎常侍大同二年卒贈光祿大夫謚章

王僧孺雅曾孫準之孫仕齊起家王國左常侍太學博士丹楊功曹遷大司馬行參軍直東宮崇明殿出補晉安郡丞侯官令天監初除臨川王記室參軍待詔文德省尋出爲南海太守召還拜中書郎領著作遷尚書左丞除游擊將軍兼御史中丞以公事降爲雲騎將軍還少府卿出監吳郡還除尚書吏部郎參大選出爲南康

王仁威長史行府州國事普通三年卒
徐勉字修仁東海郯人孝嗣之族射策舉高第補西陽
王國侍郎遷太學博士鎭軍參軍尚書殿中郎又除中
兵郎領軍長史高祖踐祚除中書侍郎遷建威將軍本
邑中正尚書左丞天監二年除給事黃門侍郎尚書吏
部郎遷侍中六年除給事中五兵尚書遷吏部尚書除
散騎常侍領游擊將軍未拜改太子右衛率遷左衛將
軍領太子中庶子侍東宮敕知宮事轉詹事領雲騎將
軍遷尚書右僕射又改侍中尋授宣惠將軍置佐史改
尚書僕射中衛將軍尋加中書令給親信二十人中大

通三年以疾自陳移授特進右光祿大夫增親信四十
人大同元年卒年七十贈開府儀同三司謚簡肅　崧
勉長子官南徐州迎賓主簿　悱字敬業勉次子起家
著作郎轉太子舍人掌記室之任累遷洗馬中舍人以
足疾出爲湘東王友遷晉安內史
徐緄孝嗣子位侍中太常信武將軍謚頃　君蒨字懷
簡緄子終湘東王鎭西諮議參軍
徐超東海郯人仕齊爲鬱林太守天監初官員外散騎
常侍　摛字士秀超之子起家太學博士遷左衛司馬
晉安王侍讀雲麾府記室參軍平西府中記室安北中

録事參軍帶郯令除秣陵令大通初爲甯蠻府長史入
爲皇太子家令兼掌管記中大通三年出爲新安太守
還爲中庶子加戎昭將軍轉太子左衛率太宗嗣位授
左衛將軍不拜卒年七十八贈侍中太子詹事謚正
徐僧權東海人官至東宮通事舍人領秘書
臧未甄燾曾孫潭之子宋起家爲領軍主簿入齊歷太
尉祭酒尚書主客郎建安廬陵二王府記室前軍功曹
史通直郎南徐州中正丹陽尹丞高祖平京邑用爲驃
騎刑獄參軍天監初除後軍諮議中郎南徐州別駕入
拜黃門郎遷右軍安成王長史少府卿出爲新安太守

遷爲太子中庶子司農卿太尉長史母憂服闋除廷尉
卿出爲江夏太守卒官　盾字宣卿未甄子初爲撫軍
行參軍父母喪服闋除丹陽尹丞遷中書郎復兼中書
舍人遷尚書左丞爲武陵王長史行府州國事領會稽
郡丞還除少府卿領步兵校尉遷御史中丞大通五年
加散騎常侍兼領軍大同二年遷中領軍出爲仁威將
軍吳郡太守以疾拜光祿大夫加金章紫綬七年疾愈
復爲領軍將軍九年卒詔舉哀贈侍中謚忠　長博字
孟玄盾子官桂陽內史　仲博長博弟官曲阿令　厥
字獻卿盾弟初爲西中軍行參軍尚書主客郎入兼中

書通事舍人累遷正員郎鴻臚卿遷尚書右丞未拜出爲晉安太守還除驃騎廬陵王諮議參軍遷員外散騎常侍兼司農卿大同八年卒官　操厥子官尚書三公郎

臧嚴字彥威稜子初爲安成王侍郎轉常侍遷冠軍行參軍侍湘東王讀累遷王宣惠輕車行參軍兼記室王遷荆州隨府轉安西錄事參軍歷監義陽武甯郡王入爲石頭戍軍事除安右錄事王遷江州爲鎮南諮議參軍卒官

劉慤字仲寶惔七世孫射策高第爲陵海令遷湘東王

記室參軍轉中記室歷尚書左丞御史中丞承聖二年
遷吏部尚書國子祭酒
劉勰字彥和尚子天監初起家奉朝請臨川王記室遷
車騎倉曹參軍出爲太末令除南康王記室兼東宮通
事舍人遷步兵校尉卒
何遜字仲言承天曾孫尚子南徐州舉秀才天監中起
家奉朝請遷建安王水曹行參軍兼記室還爲安成王
參軍事兼尚書水部郎母憂服闋除廬陵王記室隨府
江州卒　僩字彥夷遜從叔位至臺郎
何思澄字元靜敬叔子起家南康王侍郎累遷安成王

左常侍兼太學博士安成王行參軍兼記室除廷尉正天監十五年遷治書侍御史久之遷秣陵令入兼東宫通事舍人除湘東王錄事參軍出爲黟縣令遷武陵王中錄事參軍卒官　子明字世明思澄宗人歷官員外散騎侍郎出爲固山令

何遠字義方東海郯人仕齊爲朝請高祖板輔國將軍建康令帝踐祚爲步兵校尉以勳封廣興男遷建武將軍鄱陽王錄事參軍頃之遷武昌太守坐事除名起爲鎮南將軍武康令擢爲宣城太守天監十六年除給事黄門侍郎還爲仁威長史出爲信武將軍監吳郡遷東

陽太守普通二年卒

鮑機字景元東海郯人吏部尚書王亮舉爲春陵令明山賓薦爲太常丞改尚書郎歷湘東王諮議參軍治書侍御史　泉字潤岳機子元帝承制累遷至信州刺史後移郢州長史行府州事

陶宏景字通明居于茅山自號華陽隱居大同二年卒年八十五贈中散大夫謚貞白先生

諸葛璩字幼玟世居京口齊建武初南徐州行事江祀辟爲議曹從事天監中州郡舉秀才並不就卒于家

陳徐陵字孝穆摛子梁普通二年參甯蠻府軍事大通

二年爲東宮學士稍遷尚書度支郎出爲上虞令坐事
免起爲南平王府行參軍遷通直散騎侍郎湘東王中
記室參軍太清二年兼通直散騎常侍使魏還朝爲尚
書吏部郎掌詔誥尋爲正威將軍尚書左丞紹泰二年
使齊還除給事黃門侍郎秘書監高祖受禪加散騎常
侍天嘉初除太府卿四年遷五兵尚書領太著作六年
除御史中丞天康元年遷吏部尚書高祖纂歷封建昌
縣侯太建元年除尚書右僕射七年領國子祭酒南徐
州大中正尋加侍中給扶又除領軍將軍八年加翊右
將軍丹陽尹十三年爲中書監給鼓吹以年老致仕後

主即位遷左光祿大夫太子少傅至德元年卒年七十七贈鎮右將軍特進謚章　儉陵子起家豫章王行參軍梁元帝召爲尚書金部郎中永定初爲太子洗馬遷鎮東從事中郎天嘉三年遷中書侍郎太建初持節喻旨廣州還爲鎮北諮議參軍兼中書舍人累遷國子博士大匠卿黄門侍郎轉太子中庶子加通直散騎常侍兼尚書左丞以公事免起爲諮議參軍遷正威將軍太子右衛率後主立授和戎將軍晉熙王長史行丹楊郡國事父憂去職累遷尋陽内史襲封建昌侯入爲御史中丞禎明二年卒　份儉弟解褐秘書郎轉太子舍人

累遷豫章王主簿太子洗馬出爲海鹽令再入爲洗馬太建二年卒　儀份弟舉高第爲秘書郎出爲烏傷令禎明初遷尚書殿中郎尋兼東宮學士陳亡入隋煬帝召爲學士除著作郎大業四年卒　孝克陵弟梁太清初爲太學博士天嘉中除鄒令太建四年召爲秘書丞六年除國子博士遷通直散騎常侍兼國子祭酒尋爲員禎明元年入爲都官尚書二年爲散騎常侍侍東宮陳亡隋文帝授國子博士開皇十九年卒年七十三

萬載孝克子仕至晉安王功曹史太子洗馬

徐伯陽字隱忍東海人試策高第尚書板補河東王國

右常侍東宮學士臨川王府墨曹參軍梁大同中出爲侯官令天嘉二年詔侍晉安王讀尋除司空侯安都府記室參軍事卒

蕭允字叔佐介子居京口起家邵陵王法曹參軍轉湘東王主簿遷太子洗馬天嘉三年召爲太子中庶子三年除稜威將軍丹楊尹丞五年兼侍中聘于周還拜中書侍郎大匠卿高宗即位遷黃門侍郎五年出爲晉安王長史王爲南豫州允行府州事至德三年除豫章王長史累遷通直散騎常侍光勝將軍司徒左長史鄱陽王出鎮會稽允又爲長史帶會稽郡丞拜光祿大夫隋

師濟江允遷長安以疾卒年八十四　引字叔休允弟釋褐著作佐郎轉西昌侯儀同府主簿高宗時拜金部侍郎太建七年加戎昭將軍九年除中衛始興王諮議參軍兼金部侍郎轉庫部侍郎頻加中書侍郎正威將軍黄門郎十二年遷吏部侍郎後主即位轉中庶子以疾去官明年復起爲建康令卒　彤引弟官至太子中庶子南康王長史

蕭密字士機遊子太建八年官散騎常侍聘于齊歷位黄門侍郎太子中庶子散騎常侍

蕭濟字孝康東海蘭陵人解褐梁秘書郎遷太子舍人

預平侯景功封松陽縣侯高祖鎮朱方以濟爲明威將軍征北長史承聖二年召爲中書侍郎轉通直散騎常侍世祖守會稽以濟爲宣毅府長史遷司徒左長史世祖卽位授侍中尋遷太府卿母憂不拜歷守蘭陵陽羨臨津臨安等郡太建初入爲五兵尚書侍東宮尋授度支尚書領羽林監遷國子祭酒加金紫光祿大夫兼安德宮衞尉尋爲仁威將軍揚州長史遷祠部尚書加給事中卒年六十六詔贈本官

蕭摩訶字元嗣蘭陵人年未弱冠隨侯安都在京口天嘉初除本縣令累遷巴山太守太建五年以功授明毅

將軍員外散騎常侍封廉平縣伯尋進爵爲侯轉太僕
卿七年除晉熙太守九年以功授持節武毅將軍譙州
刺史召還授右衛將軍十四年以功授散騎常侍車騎
大將軍封綏遠郡公尋改授侍中驃騎大將軍加左光
祿大夫授南徐州刺史禎明三年入隋授開府儀同三
司死年七十二
蔡景歷字茂世濟陽考城人侯景平高祖鎮朱方板征
北府中記室參軍仍領記室承聖中授通直散騎侍郎
高祖輔政除從事中郎紹泰元年除給事黄門侍郎高
祖受禪遷秘書監中書通事舍人掌詔誥被劾降爲中

書侍郎世祖卽位復爲秘書監以定策功封新安縣子累遷散騎常侍天嘉三年以功遷太子左衞率進爵爲侯增食邑六年坐事免官廢帝卽位起爲諮議參軍高宗卽位遷豫章王長史帶會稽郡守行東揚州府事秩滿遷戎昭將軍長沙王長史尋陽太守行江州府事入爲通直散騎常侍中書通事舍人掌詔誥仍復封邑遷太子左衞率太建五年被劾削爵土後復本邑爵入守度支尚書以疾卒贈太常卿禎明元年配享高祖廟庭二年重贈侍中中撫將軍諡忠敬給鼓吹墓所立碑

證字希祥景歷子粱承聖初南徐州召補迎主簿尋授

太學博士天嘉初始興王府法曹行參軍歷外兵參軍事尚書主客郎太建初遷太子少傅丞新安王主簿通直散騎侍郎晉安王功曹史太子中舍人父憂服闋襲封新豐縣侯授戎昭將軍至德二年遷廷尉卿尋爲吏部郎遷中庶子中書舍人掌詔誥授左民尚書加甯遠將軍遷吏部尚書安右將軍尋徙爲中書令禎明三年權知中領軍入隋歷尚書民部儀曹郎轉給事卒　翼證子官至司徒屬德教學士入隋爲東宮學士

馬樞字要理隱居茅山時遊京口嘗爲南徐州學士

隋鮑宏字潤身東海郯人梁湘東王用爲中記室遷鎮

南府諮議尚書水部郎轉通直散騎侍郎江陵平歸于
周用爲麟趾學士累遷遂伯下大夫及定山東除少御
正賜爵平遙縣伯加上儀同高祖受禪加開府除利州
刺史進爵爲公轉邛州刺史後授均州刺史以目疾免
卒于家年九十六
徐則東海郯人陳太建時嘗應召煬帝鎮揚州手書召
之死于江都下書褒之曰東海徐先生
庾抱潤州人開皇中爲延州參軍事入調吏部尚書牛
宏奇之補元德太子學士後爲越巂主簿稱病不行義
甯中隴西公李建成辟爲公府記室尋轉太子舍人卒

唐蕭德言字文行思話元孫引子甫冠以國子生爲岳陽王賓客陳亡徙關中詭浮屠服亡歸江南仁壽中授校書郎貞觀中歷著作郎宏文館學士以經授晉王王爲太子兼侍讀請致仕太宗下詔勸勉封武陽縣侯進秘書少監高宗立拜銀青光祿大夫全給其祿永徽五年卒年九十七贈太常卿謚博

蕭立南蘭陵人天寶元年年十七中賢良方正科歷佐幕府入爲廷評尉拜監察御史轉殿中侍御史卒贈考功郎中

許叔牙字廷基潤州人貞觀初累授晉王文學兼侍讀

尋遷太常博士王爲太子加朝散大夫遷太子洗馬兼宏文館直學士十三年卒　子儒字文舉叔牙子高宗時爲奉常博士長壽中官至天官侍郎宏文館學士

桓法嗣丹陽人官王府諮議參軍宏文館學士　思敏法嗣子官少府丞　彥範缺　元範彥範弟官至常州刺史　臣範元範弟官工部侍郎　庭昌臣範子官刑部侍郎

孫處元潤州人長安中爲左拾遺去官還鄉里以病卒

馬懷素字惟日丹徒人進士第又應制舉中文學優贍科補鄖尉積勞遷左臺監察御史轉禮部員外郎以十

道使黜陟江西還遷考功員外郎擢拜中書舍人內供
奉爲修文館直學士開元初爲戶部侍郎封常山縣公
兼昭文館學士侍讀遷秘書監病卒帝特爲之舉哀廢
朝贈潤州刺史謚文
馬挺丹徒人官江都主簿
丁仙芝曲阿人進士第官餘杭尉
蔡隱邱曲阿人官緱氏主簿
蔡希周曲阿人開元十二年舉進士登第官監察御史
希寂希周弟登進士第終渭南縣尉
儲光羲延陵人進士第又詔中書試文章歷官監察御

史
陶翰潤州人進士第官禮部員外郎
談戭曲阿人進士第官長洲尉
申堂構丹徒人進士第官武進尉
張暈曲阿人進士第官校書郎
張彥雄曲阿人處士有詩名
包融延陵人歷大理寺直集賢院學士　佶融子進士第累官建議大夫坐元載貶嶺南劉晏奏起爲江州刺史汴東兩稅使建中初宰相楊炎用事惡晏奪其權以佶爲權領鹽鐵使轉戶部郎中充江淮水陸運使三年

轉太常少卿江淮鹽鐵使又爲汴東水陸運兩稅鹽鐵使晏罷以佶充諸道鹽鐵輕貨錢物使轉左庶子遷刑部侍郎改秘書監貞元二年以國子祭酒知禮部貢舉後封丹楊郡公　何字幼嗣佶弟進士第大歷中爲起居舍人

包章延陵人漢大鴻臚咸之後終丹陽令　岋章子官潤州錄事參軍

周瑀曲阿人吏部常選

周惟長居陽橫山處士能爲歌詞

殷遙潤州人官王府記室參軍

殷璠丹陽人處士有詩名

樊光潤州人官硤石主簿

沈如筠潤州人官横陽主簿

徐延壽潤州人處士有詩名

皇甫敬德丹陽人官銀青光祿大夫澤州刺史　价敬德子官朝散大夫饒州樂平縣令　彬价子官秘書少監集賢院修撰　顗彬弟官中散大夫潭州刺史　冉字茂政顗子進士第歷無錫尉左金吾兵曹王縉爲河南元帥表掌書記大歷二年遷左拾遺轉右補闕奉使江表因省家卒于丹陽　曾字孝常冉弟進士第歷監

察御史殿中侍御史坐事貶舒州司馬陽翟令

朱放字長通居丹陽曹王皋鎭江西辟節度參謀貞元初召爲拾遺

湯賁字文叔丹陽人貞元中爲宋州刺史

權皐字士繇居潤州丹徒進士第爲臨清尉安祿山表爲薊尉幕府詐死脫歸高適表試大理評事淮南採訪判官丞王璘舉兵又詭姓名以免元宗嘉之除監察御史母喪去浙西節度使顔眞卿表爲行軍司馬召拜起居舍人固辭李季卿爲江淮黜陟使列其高行以著作郎召不就大歷元年死殯丹徒元和中謚貞孝贈秘書

監十二年復贈太子太保　德輿字載之皋子居丹陽
練塘韓洄黜陟河南辟置幕府試秘書省校書郎貞元
初復爲江西觀察使李兼判官德宗召爲太常博士改
左補闕十年遷起居舍人十七年冬以本官知禮部貢
舉十八年眞拜侍郎轉戸部侍郎元和初歷兵部吏部
侍郎坐累徙太子賓客俄還前官遷太常卿五年拜禮
部尚書同中書門下平章事尋以檢校吏部尚書爲東
都留守復拜太常卿徙刑部尚書十一年復以檢校吏
部尚書出爲山南西道節度使十三年以病乞還道卒
贈左僕射謚文　璩字大圭德輿子元和二年登進士

第歷監察御史中書舍人劾李訓貶閬州刺史文宗憐
其母病徙鄭州
劉太沖　太眞居北固兄弟相繼登第太眞大歷中爲
淮南掌書記召拜起居郎累歷臺閣自中書舍人轉工
部刑部侍郎
劉三復潤州人不遂鄉賦李德裕三領浙西及劍南淮
南未嘗不從累遷御史中丞會昌中歷諫議給事拜刑
部侍郎宏文館學士判館事病卒　鄴字漢藩三復子
高元裕廉察陝虢表爲團練推官得秘書省校書郎高
少逸又辟鎮國幕府咸通初擢左拾遺召爲翰林學士

賜進士第轉尚書郎中知制誥拜中書舍人戶部侍郎遷承旨懿宗立以本官領諸道鹽鐵轉運使尋以禮部尚書同中書門下平章事判度支轉中書侍郎兼吏部尚書累加太清宮使宏文館大學士僖宗即位再遷尚書左僕射出爲淮南節度使同平章事徙鳳翔固辭還拜左僕射巢賊犯長安不應僞命見殺

李暢居丹陽貞元元年典校秘書補江陵松滋主簿

李紳字公垂世宦南方客潤州元和元年進士第補國子助教非其好東歸金陵金陵即京口觀察使李錡辟掌書記其反召紳作疏不從囚紳獄中錡誅乃免從辟山南

觀察府召爲右拾遺拜翰林學士轉右補闕長慶元年改司勳員外郎知制誥二年拜中書舍人御史中丞出爲江西觀察使改戶部侍郎敬宗即位貶端州司馬徙江州長史遷滁壽二州刺史大和中擢浙東觀察使復以太子賓客分司開成初爲湖南尹遷宣武節度使武宗即位徙淮南召拜中書侍郎平章事進尚書左僕射門下侍郎上柱國趙國公會昌四年復節度淮南六年卒贈太尉謚文肅

顧況居茅山嘗爲韓滉判官歷江南郡丞校書郎著作郎　非熊況子進士第累佐使府大中時歷盱眙簿亦

居茅山

鄭光潤州人官檢校戶部尚書諸衛將軍累遷平盧軍節度使徙河中鳳翔　漢璋光子官右金吾將軍　漢卿漢璋弟官鴻臚少卿義昌軍節度使

尚愨家于潤為館驛巡官　公迺愨子初為昇州牙將後為郡守累贈右千牛將軍

元誅居丹陽處士有詩名

王總丹陽人嘗舉進士

陸橋家丹陽好為詩

張文謹潤州人嘗主漢荊王神祠祝事

周孝懷

湯清源並丹陽人爲縣耆壽

五代包泊延陵人仕唐爲吉州長史入吳終和州歷陽令　諤字直臣泊子初爲牙門右職隸歷陽軍中終銀靑光祿大夫檢校國子祭酒御史中丞　詠字義修諤弟爲歷陽主簿秩未滿移知含山縣令七考選知虔州雩都令

丁袗字德祥金壇人唐末兵亂爲金壇守將累戰功爲楊行密都押牙遷都知兵馬使年九十一卒

刁彥能家京口終昭武軍節度使

劉瑜居潤州嘗爲巡官

沈彬隱雲陽山南唐先主辟置之授校書郎輔世子于東宮未幾乞罷以尚書郎致仕　元彬子官秘書省正字

陳翊京口人官太子洗馬以贊善大夫致仕還京口

林仁肇爲潤州刺史因居于潤宅在京口城東後移節武昌乾德三年移節洪州留守南都

吳文潤州人歷官大理司直

刁舒字公綽十五推官

吳淑字正儀丹陽人父文任大理司直

以下缺

嘉定鎮江志卷十八終

嘉定鎮江志卷十九

人物

宋李覺字天民丹徒人政和二年莫儔牓亳州麻城令累贈朝散郎子正邦字進之宣和二年貢士祖秀實榜上等徽宗嘉其文陞第四名終朝請郎覺兄弟三人覺生正邦覺之兄生揖揖生舜卿正邦從姪公旦以特科入官元孫亦舉進士承平時其家聚四百口渡江兵火離散所居舊趾今爲都統司眉壽酒庫云

劉無極字晞顏丹徒人政和五年何㮚牓丙科終尚書郎嘗與後湖蘇庠唱和庠次韻云校書絕足騰飛黃不數向來何與江錦囊詩句隨雲

表十襲未敢心先降又嘗爲其寫照贊云舉扇而障西風之塵亦手而超冀北之駕憎流俗以自拔遣細腰而俱化至其寫胷次之磊隗狀筆端之風烟藏一邱之曲折倒百斛之流泉猶將與遺民而同軌追夢得而差肩

張頡字冲卿一字彊立丹徒人弱冠入鄉校志於報親發憤不嬉戲果五魁選貢太學傳崧卿牓升上舍政和五年何㮚牓丙科歷解州戸曹掾蔡州汝陽令興州錄參紹興初胡世將爲四川宣撫差資州簽判潼川府知東益州十年召赴行在首言時政闕失忤時相出通判建康府越二年上思其忠召除架閣遷監尚書六部門兼權考功員外郎十六年遷兵部卒累官左朝議大夫二子遹適陞朝累贈正議大夫頡工于詩文不蹈襲前人語常與後湖蘇庠唱和有菊坡集藏於家

顧時大字致堯乾道八年黃定牓歷泰州如皋縣尉終池州貴池縣丞時大爲人厚重邃於文學爲鄉里所敬

張大允字德誠丹徒縣人紹興二十一年趙逵牓歷通州海門主簿添差江東安撫司幹辦公事奉祠泰州教授不赴授揚州教授洪邁張棟呂正己戴幾先周必大一時名公鉅卿交章薦之知廣德軍建平縣揚州簽判主管西外睦宗院兼中丞官至朝請郎賜紫金魚袋以壽終於家大允好學篤行恬於勢利鄉里以善人君子稱之　處厚字希韋大允之從姪是年同登歷秀州嘉興縣尉滁州全椒令揚州教授不赴終文林郎其子徙

居儀眞又徙太平州
史正志字志道丹陽人賦籍揚之江都紹興二十一年
趙逵牓歷徽州歙縣東尉隆興幕府秩滿詣闕上保治要略八篇大概爲國家根本在荆襄巴蜀防守利害在兩淮差監行在省倉上界疏當今之務最急而宜先者八事曰讜語上宰執臺諫一曰御將謂操縱在我而不使知朝廷用權所在二曰抑姦謂宦官不宜與諸軍交通餽遺三曰節財謂貴戚權倖添差外補冗濫當限其員數使之待次四曰謹法謂節抑富人補授用戚里恩賞爲中都官五曰士風謂以庸懦爲靜退小廉曲謹爲謙和不區別是非爲長者不挂口時事爲謹重宜懲勸以作成之六曰軍政謂諸將掊尅侵剝以自豐交結權倖以固寵願使有以畏朝廷之法七曰均用謂脩內司坤甯殿賃屋錢似與戶部分爲兩家不相均用八曰畏天謂日食冬雷及太一家推步小遊見臨荆楚主有兵象宜講武備又敘中原變故以來可爲近鑒者爲兵鑑十篇曰料敵曰事事曰國是曰廟謨曰守險曰作氣曰藏機曰

用間曰治城曰防海又撰邊問一篇論江淮防守丞相
利害當以紹興初守淮爲法建炎末守江爲戒
陳康伯薦於朝除樞密院編脩官論防秋五事料金人必遣使啟釁開端徑
犯淮西以窺采石和州實瀕江諸郡之咽喉因舉孫權
築濡須塢故事乞築和州壘及舒揚防守荊襄事勢與
用將任間之術已而果渝盟脅求土地指取將相因言
遣使不足恃者四乞密札諸大將遣子詣行在所奏陳
機事委才略堪用者畀以邊郡或留環衞又論兩淮水
寨海道水軍利害訓飭諸將出軍必先紀律詔令懇切
如陸贄以感人心激士氣武舉進士授軍官及邊郡差
遣以求異才會朝廷命中丞汪澈宣諭荊襄又敘事宜
大要有四以送之兼樞密院檢詳諸房文字時敵犯淮西復論兵民沿江守禦爲
今日計不過三策大意欲駕幸建康以宿衞兵守江而
令淮上諸軍或戰或守爲上策以劉錡退保天長堅壁
眞揚分兵援王權且戰且守以俟成閔至爲中策以李
捧過和州援王權於成閔未至之前爲下策及聞敵至
采石儀眞建議請以皇子爲大元帥輦財貨自衞信由
長沙而上招募勇士令荊襄吳珙武鉅直趨關洛還擣

大梁出兩淮腹背令四川吳璘姚仲王彥分兵攻陝西直據河東擣范陽以傾其巢穴敵必退保則其酋可以坐縛朝廷雖知奇策而不能用兼措置浙西海道所主管文字聞瓜洲失利恐通泰無備乞集官舟搬泰鹽入江陰置場以權之又陳却敵之計二千餘言上之高宗視師江上命扈從至鎮江撫自古東南用兵於西北可施諸今日者凡五篇曰恢復要覽上陳丞相康伯張魏公浚且指魏公之失謂當去其輕脫嘗試之說爲萬全之舉廟堂亦多采用其說駐蹕建康又論三國六朝形勢與今日不同要當無事則都錢塘有事則幸建康爲東西都御批史正志議論確實古今判然下侍從臺諫集議卒從其說繼聞金使來易地界於宿泗變舊理爲敵國一切恭順和議雖不日可成武備要當先立又論劾江上諸軍詭名之數欲以七千五百人爲一軍額庶幾可以潛消之改宣教郎尋除司農寺丞輪對論人材當警策其已用而開廣其未用武備不可弛邊將上功多不實宜戒飭之上奬諭以扈從勞績轉奉議郎孝宗即位覃恩轉承奉郎

上久聞其名首賜對內殿陳守成先恭儉平亂在智勇親便殿閱武士自將以平區宇之說陳丞相康伯以正志所論招納歸正利害薦於上御筆具載此意遣密諭宣撫司兩淮帥守命往江上計議軍事催築塢置轉般倉還朝擢度支員外郎應詔上書言求實材節財用修軍政明賞罰謹備守且策督府用兵必敗書奏宣付三省御批史正志議論尤爲切當隆興初元還吏部員外郎聞收復靈壁虹縣復上書言二邑既下復難深入則小利不足以爲勝既得之後勢難遠守則旋師適足以自疲得淮陽而後可以爲喜且言淮上事之失求補外除江西運判召爲戶部員外郎尋除福建運判再召爲戶部員外郎既至賜對陳當今急務七策其防江之策略曰天以吳越便利遺我而使之保守東南吾廼以爲餘事而緩於脩繕可乎復陳四說論唐鄧海泗不可棄欲求一契丹子孫爲遼王用其來歸名將以佐之貢以兵財盡領歸正人數萬駐唐鄧間俾得以借中國之勢號召河南契丹必響應關陝必可得自此復契丹舊

土如我白溝河以南可坐而得縱使不然彼亦十餘年不得休息而海泗令數萬人堅守朝廷竟不之行以此求去愈力丐外除江東運判未赴改江西始至漕計不給節無藝之費府庫充羨乃以寬剩錢四千萬緡米五萬石助國用秩滿召赴行在除左司兼權檢正轉朝奉郎除檢正兼權吏部侍郎明年權刑侍兼吏侍轉對言太倉無一歲儲左帑無三月積九穀散於穰歲百姓凶於豐年望與大臣熟論大計如邊防財用之急使專意精思籌畫上嘉納命坐賜茶退而條具財用之事宜凡國家經常儲蓄之數及三代以來理財變通之術或得或失以爲原鑑上之又兼兵侍上封事言今日大者八事爲可憂而後陳可以出奇之策大抵以保江淮擇將材遣間諜選精銳爲言丐祠不允有旨以前論水軍利害條具措置事即疏東南水軍之利及三國六朝攻守備禦之要以聞時朝廷議脩刑書欲寘彊盜姦汙者死獨建議使免死而至配所復受杖卒用其說改吏侍請郡除集英殿脩撰知建康府陛辭陳三事論兩淮

城壁蒐簡軍實又上疏乞令淮北歸正人並在沿淮都將元歸正忠義頭首所管人數移屯邊面替回正軍兩有所益續有旨委同郭振沈复點檢和州關隘團結彊壯上奏曰擇地勢之便利固難若已得之而擇將帥之可守者尤難及論脩築城壁爲急上美之令郭振遵用其言 轉朝散郎以職事脩舉進敷文閣待制賜金帶除知成都改除戶侍江浙京湖淮廣福建等路都發運使檢察諸路財賦時相欲因此濟之乃上疏言欲謗之書何止一篋是其計者什未必有三惟陛下任臣以堅責臣以無欲速御筆云如卿之才深所信任雖有浮議朕豈不灼見而全護卿也未幾乞守本官致仕詔答不允仍舊巡歷遣中使宣諭再入戶部忤時相意以散官謫永州因論左帑南庫西庫窠名差互忤時相意以發運司已拘椿末起發諸路錢爲誣謾又以攜去糴本爲失陷故有是命尋復元官提舉隆興府玉隆萬壽觀除右文殿脩

撰知靜江府未赴而罷再奉祠轉朝請大夫賜爵文安縣開國男轉朝議大夫知甯國府改贛州又知廬州既至數月以疾終年六十正志自初被命計議軍事及爲大漕不受餽遺其奉祠家居也治圃所居之南號樂閑居士柳溪釣翁藏書至數萬卷正志議論精確切中事機受知兩朝如此而或者乃以口才訾之過矣

胡緝字舜舉一字熙績丹陽人故秘撰陳公東之外孫豪於詩文舉於鄉爲府學正少年時鄉人有任平江理掾者館之適尚書孫覿被召赴闕過郡緝爲作詩贄見覿稱之詩有曰九老圖中白居易八仙座上李長庚覿喜云用事切當末有宣室若膺前席問鬼神姑

置對蒼生之句覬又喜淳熙間番陽守趙公廣館於郡
云信前輩不能到此
齋一夕大醉而卒
湯模字元楷　大方字元齡金壇人工詩模嘗遊練湖
上題甘露南莊壁云極目湖光裏招提萬頃田庭荒無馬跡木落見
炊煙今日山林畔他年香火緣煩師淪春茗爲說小乘
禪
向舍人子莘字天民文簡公之四世孫也爲人淸謹沈
厚精敏嘗預開封府薦以父宗旦熙甯間任鴻臚卿廣
東運副故事過嶺恩特補右班殿直累遷閤職至供備
庫副使勳飛騎尉贈武顯大夫娶丞相文肅公曾布之
第三女封靜安縣君子六人朝議大夫炅說志其墓見冢

墓類

嘉定鎮江志卷十九終

嘉定鎮江志卷二十

總目缺

敘缺

釋

梁蕭惠開南蘭陵人父思話爲中書令惠開性孝家素事佛凡爲父造四寺曲阿舊鄉名禪鄉寺京口墓亭名禪亭寺又有禪岡禪封

唐延陵馬氏有子爲僧名元素字道清嘗入南牛頭山事威大師摩頂謂曰東南正法待汝興行開元中韋銑守潤請住鶴林後李憕爲揚牧延以去未幾坐滅建塔

于黃鶴山之西原李華銘

甘露寺某僧者道行孤高李德裕廉問日嘗與之遊及罷任以方竹杖一枝留贈焉方竹出大宛國堅實而正方節眼鬚牙四面對出實衞公之所寶也及再鎮浙右其僧尚在公問曰前所奉竹杖無恙否僧喜對曰已規圓而漆之矣公嗟惋彌日

宋僧應夫滁之蔣氏子既出家得法于天衣義懷號廣照大師主甘露十四年聚徒常五百人曾肇嘗銘其塔

佛印師了元住持潤州金山寺東坡久與之遊赴杭過潤留數日一日師與弟子入室公便服入方丈見之師

云內翰何來此間無坐處公戲云暫借和尚四大用作
禪床師曰山僧四大本空五蘊非有內翰欲于何處坐
公擬議未即答師急呼侍者收公所許玉帶永鎮山門
公笑而與之師遂取衲裙相報公有次韻詩見大全集
僧祖可字正平後湖蘇養直之弟元名序後爲僧易今
名豫章徐師川俯爲東溪集序後湖集祖可與蘇庠同
生庠有送行詩云語別旣不易況與子同生如何攜手
好忽作千里行洪覺範嘗有評云余久不見養直忽得
其詩想見岸幘醉坐如行野渡春色盎盎于渟穊中自
有一種淸絕氣味正平如漱壑夜泉響掃窗春霧空不

類菜腹阿師語兄弟眞連璧也

江西僧書記道舉字季若紹興辛酉客居丹陽何氏庵時聞急報仲春初金既至王師大捷季春復至因作破敵行見甘露舉書記文集

道

晉道士王纂居馬跡山永嘉末中原大亂飢饉疫癘纂于靜室飛章告天至第三夜有光如晝一人前告纂曰太上道君至矣道君曰玉皇天尊慮鬼神之害人常命五帝三官御之然季世民僞詐自投死地由是六天魔鬼與歷代敗軍如王翦白起之徒生爲兵將死爲鬼帥

以神咒服之當戢今以神化神咒三經授子以拯萬民
陰功克功眞階可冀言訖而還
唐魏法師名隆字道崇本任城人貞觀九年至京太宗
悅之後居潤之仁靜觀潤守李厚德虞承慶喬師望皆
尊禮之其卒也葬馬跡山崇文館學士胡楚賓銘
王遠知琅邪人父曇選陳揚州刺史母嘗晝寢夢靈鳳
而娠沙門寶誌謂曇選曰生子當爲神仙宗伯遠知少
聰敏博綜羣書初入茅山師事陶宏景宗道先生臧兢
陳主聞其名召入重陽殿隋煬帝親執弟子禮高祖之
龍潛也遠知嘗密傳符命武德中太宗平王世充與房

元齡微服謁之遠知迎謂曰此中有聖人得非秦王乎
太宗因以實告遠知曰方作太平天子願自惜也固請
歸山貞觀九年敕潤州茅山置大受觀（太平廣記作太平觀）降璽
書曰先生得妙訣于金壇受幽文於玉笈昔在藩朝早
獲問道近覽來奏請歸舊山已有別敕不違高志
桓尊師字探元曲阿人學仙術于本縣雲陽觀時人稱
其道行開元十四年九月十五日尸解碑在仙臺觀
李含光天寶七載練師李含光敕廣陵李練師上清品
人也抗志雲霞和光代俗爲予修福靈迹將赴金壇故
賦詩寵行紫府煙霞士元宗道德師心將萬籟合志與

九仙期絶俗遺塵境同人喜濟時訪經遊玉洞敷教入瑶墀茅嶺追餘迹金壇赴遠思陰宫看舊記陽觀飭新詞緬想留雙璧長懷採五芝靈眞若可遇鸞鶴佇來兹

今石刻尚存

宋妙明眞人吳元浄丹陽人明眞觀乃其祖宅徽宗朝賜號妙明後歸浙右多乘小舫遊江湖間紹興壬申敷文閣待制陳桷瘞于汝山南御史黄達如作詩紀之

嘉定鎮江志卷二十終

嘉定鎮江志卷二十一

祥異

敘 缺

天文

宋大明六年八月月入南斗魁中占曰吳越有憂明年揚南徐州大旱田穀不收民流死亡

元徽三年十一月庚戌月入太微掩屏西南星占曰貴者失勢四年七月建平王景素據京口反同上

虹

唐永貞二年春三月彩虹入潤州大將張子良宅初入

漿貸水盡入井飲之是年九月節度使李錡詔召不赴鬭欲亂令子良領兵收宣歙子良翻然反兵圍城李錡就擒子良拜金吾將軍太平廣記

地震

晉太興三年四月庚寅晉陵地震時晉陵郡治丹徒

唐則天紀長安元年七月乙亥楊楚常潤蘇五州地震

火

晉康帝建元元年晉陵吳郡災

花木

晉志成帝咸和六年五月癸亥曲阿有柳木倒地六載

是日忽復起生又見宋志

丹陽練湖湖蓮花開邑人必有位執政者元祐初上下兩湖蓮花盛開是歲王存拜丞轄紹興壬子初夏又開是歲翟汝文入參大政越八載己未章復爲宰日亦開半湖雖邑人無登二府其後復爲簽書

龍鳳

吳孫權傳赤烏十一年雲陽言黃龍見又見宋志

宋志孝建元年正月庚申鳳凰見丹徒憩賢亭雙鵠爲引衆鳥陪從

梁天監元年鳳凰集南蘭陵

普通中龍鬬于曲阿王陂因西行至建陵所經處木皆折開數十丈隋志云武帝專以講論爲務不崇耕戰將輕而卒惰故有龍孽之應

天聖中近輔獻龍卵云得自大河中詔遣中人送潤州金山寺至元祐間猶匱藏沈括居潤屢見之

鳥獸

晉志建武元年七月晉陵陳門才牛生犢一體兩頭按京房易傳言牛生二首一身天下將分之象是時愍帝蒙塵元帝即位江東天下分爲二是其應也時晉陵徙治丹徒

太興三年四月白鹿見晉陵延陵宋志

劉波字道則孝武太元中居京口晝寢聞屏風外悒吒聲見一狗蹲地而語語畢自去波隗孫也後爲前將軍敗見殺異苑

宋志元嘉十八年六月白燕產丹徒縣二十七年五月甲戌白燕產京口

大明五年五月丙寅白鹿見南東海丹徒

明帝泰始二年九月庚寅青雀見京城口

泰始三年五月癸酉白麞見東海丹徒同上

齊志永明八年延陵縣前澤畔獲毫龜一枚

梁中大同元年邵陵王綸在南徐州卧內方晝有貍鬬

于欄上墮而獲之又有野鳥如戴數百飛屋梁上彈射
不中俄頃失所在後綸爲王僧辯所敗
武帝紀中大同元年正月丁未曲阿縣建陵隧口石騏
驎動有大蛇鬬隧中其一被傷犇走隋志云石騏驎動
木沴金也動者遷移之象天戒若曰園陵無主石驎將
爲人所徙也後竟國亡
唐光啟中金山寺西磯石上有異獸狀如牛無角長可
數十丈色黃而毛引首顧望城中久之復同顧廣陵寺
僧觀者漸衆乃躍入水波濤洶湧如衆車馬聲頃乃止
好事者圖其形以訪識者廣陵有老人慘然曰頃年此

獸出江表有亂今復出禍至矣是必京口先而廣陵後也不數年皆驗稽神録

唐志中和二年秋丹徒狗與彘交占曰諸侯有謀害國者

蟲魚

晉志懷帝永嘉五年蝘鼠出延陵郭景純筮之曰此郡東之縣當有妖人欲稱制者其後呉興徐馥作亂殺太守袁琇馥亦時滅又見宋志文小異

唐志貞元三年潤州魚鱉蔽江而下皆無首

器物

宋志孝建二年四月甲辰延陵得古鐘六口徐州刺史竟陵王誕以獻

齊志建元元年四月有司奏延陵令戴景度稱季子廟舊涌井北掘得沸泉泉中得一銀木簡長一尺廣二寸隱起文曰廬山道人張陵再拜謁詣起居簡木堅白而字色黃餘見嘉賢廟記

永明九年曲阿縣民黃慶宅左有園園東南廣袤四丈每種菜輒鮮異雖加採拔隨復更生夜中常有白光皎質屬天朕似垂絹私疑非常請師卜候道士傅德占使掘之深三尺獲玉印一鈕文曰長承萬福同上

梁末京口人于藏兒年五歲登城西南角大樓打鼓作長江檑鼓兵象也于是有侯景之亂隋史

陳大定中有人發郗愔冢見愔尸如生得古銅器十餘有鄭康成所書箴左氏膏肓愔手注其後云得於廣固鄧伯道鄧云石勒軍發康成冢得之又有紙筆並題人名

建康實錄陳時東征北軍于丹徒盜發晉郗曇墓大獲王羲之書及諸名賢遺跡

因話錄唐兵部員外郎李約有山林之致不好俗談多蓄古器在潤州嘗得古鐵一片擊之清越又養一猿名

生公常以隨逐月夜泛江登金山擊鐵鼓琴猿必嘯和
傾壺達夕醉而後已約又于焦山得一石號寶峯載歸
洛中
觀音寺銅鐘楊氏將安仁義所鑄
招隱寺銅鐘李氏所鑄
國史纂異潤州曾得玉磬十二以獻張率更叩其一曰
晉某歲所造也是歲閏月造磬者法月數當有十三今
闕其一宜于黄鐘東九尺掘必得焉求之如言而得
宋太平興國中丹徒縣令王紀改築縣牆掘地得石函
驗其刻文粱大同五年道人法序瘗眞身舍利于此函

中銅龕一龕中銀合一合中銀瓶二舍利七粒存焉而銅龕復有刻文則唐貞觀十二年再加營奉掌役者張遇者獲之以獻遇感貞觀在巳因投慈雲寺爲沙門易名閏貞端拱元年夏四月八日遷之于郡之甘露寺東隅建浮屠散騎常侍徐鉉記略曰是郡也揚州之都會京口之重鎮六代之風流人物綜萃于斯三吳之山川林泉肇發於此高深自改氣象常存云云見集中

謡

晉志太元末京口謡曰黃雌雞莫作雄父啼一旦去毛衣衣被拉颯棲尋而王恭起兵誅王國寶旋爲劉牢之

所敗（又見宋志）

王恭鎮荆口（宋志作京口）舉兵誅王國寶百姓謠云昔年食白飯今年食麥麩天公誅謫汝教汝捻嚨喉嚨喉喝復喝京口敗復敗識者曰昔年食白飯言得志今年食麥麩麩麤穢其精已去明將敗天公將加譴謫而誅之也捻嚨喉氣不通死之祥也敗復敗丁甯之辭也恭尋死京都又時行咳疾而喉並喝焉（又見宋志文小異）

王恭在京口民間忽云黃頭小兒欲作賊阿公在城下指縛得又云黃頭小人欲作亂賴得金刀作蕃扞黃字上恭字頭也小人恭字下也尋如謠者言焉（又見宋志）

讖

齊志祥瑞老子河洛讖曰肅草成道德懷書備出身形法治吳出南京上郎姓諱南京南徐州治京口也

紀異

鄧艾廟在京口上有一草屋晉安北軍司馬恬病夢一老翁曰我鄧公屋壞君爲治之後訪之爲立瓦屋幽明錄

曲阿大埭下有廟晉孝武世有一逸刼官司追之刼徑至廟跪請求救許上一豬不覺忽在牀下追者至覓不見羣吏悉見入門又無出處因請曰得刼者當上太牢少時刼形見吏卽縛去刼云神靈已見過度云何有牛

豬之異言未絕口覺神像面色有異既出門有大虎張口而來徑奪刼而去同上

梁韋鼎字超盛博涉經史明陰陽善相術侯景之亂鼎兄昂于京口戰死負屍求棺無所得鼎哀憤慟哭忽見江中有物流至鼎所竊異之往視乃新棺也因以充斂元帝聞之以爲精誠所感

唐開元末金壇縣丞王甲以充綱領戶稅在京于左藏庫輸納忽有使者至庫所云王令召丞甲倉卒隨去出城行十餘里到一府舍入門聞故左常侍崔希逸語聲王與崔知故因問門者求爲通刺門者入白希逸驚喜

謂甲曰知此是地府否甲始知身死悲慼因問其來由王云適在庫隨使至此未了其故有頭外傳王坐崔令傳語白王云金壇丞是己親友計未合死事了願早遣王引入謂甲曰君前任縣丞受贓相引見丞著枷坐庭木下問云初不同情何故見誣丞言受罪辛苦權救倉卒王云若不相關卽宜放去出門詣希逸別希逸云卿得還甚善傳語崔翰（翰希逸子）爲官第一莫爲人作枉後自當之取錢必折壽每至月朝十五日宜送清水一瓶置寺中佛殿上當獲大福甲問此功德云何逸云冥間事卿勿預知但有福卽可言畢送出至其所遂活（廣異記）

元和中陸橋家于丹陽居有池沼高榭一夕有人叩門急視見一人儀狀秀逸自稱曰沈約聞公雅好詩故來奉謁既而呼左右曰召青箱來有一兒年可十歲約曰此吾子也欲使紹吾學故名青箱然亦能此從吾與范僕射過臺城曾作感舊詩令諷之曰六代舊山川興亡幾百年繁華今寂寞朝市昔喧闐夜月琉璃水春風柳色天傷時爲懷古垂淚國門前忽不見

潤州城南隅萬歲樓俗傳樓上煙出不祥開元前以潤州爲凶闕董琬爲江東採訪使嘗居此州其時盡日煙出刺史皆憂懼乾元中復然圓可一尺餘直上數丈吏

竅伺其煙乃出于樓角隙中近而視之卽蚊蚋也辨疑志

韋齊休爲王璠浙西團練副使大和八年卒于潤州之官舍三更後將小斂忽大聲曰娘子且止哭當有處分其妻大驚齊休曰娘子聞鬼語驚悸耶妻曰非畏悸但不分與君遽隔幽冥孤懷無所依怙不意神識有知誠俟明教齊休曰死生之期涉于眞宰夫婦之道重在人倫今某尸骸且在足寬襟抱家事不小且須商量不可空爲兒女悲泣使某幽冥更憂妻孥也良久語絕卽各營喪事纔曉又聞呼適到張清家造得草屋三間其夕張清夢齊休曰我昨日已令買壂三畝地可速交關布

置一一分明清恐依其命及將歸自擇發日呼喚一如常時婢僕將萌私竊無不發摘河東記

道士范可保夏月獨遊甘露寺將登北軒忽有人衣故褐衣自傍入肩帔相拂范素好潔衣新心不悅俄牽一黃狗又駕肩而出范怒形于色褐衣迴顧目光如電范始懼頃之山下人至曰向山上霹靂取龍知之乎范固不聞也稽神錄

韓滉廉問浙西彊悍自負常有不軌之志一旦有商客李順泊舟京口堰下夜深矴斷漂船不知所止及明泊一山下風波稍定上岸尋求微有鳥徑行五六里見一

人烏巾岸幘古服異常相引登山詣一宫闕臺閣華麗殆非人間入門數重庭除甚廣望之拜有人自簾中出語之曰欲寓金陵韓公一書得書一函拜而受之賛者引出門徑至舟所因問賛者曰此爲何處恐韓公詰問是何人致書答曰此東海廣桑山也是魯國宣父仲尼得道爲眞官理于此山韓公卽仲由也性强自恃夫子恐其掇刑網致書以諭之言訖别去李順却還舟中有一使者戒舟中人曰安坐勿驚懼不得顧船外逡巡則達舊所若違此戒必致傾覆舟中人皆如其言不敢顧視舟行如飛頃之復在京口堰下既而詣衙投書韓公

發函視之古文九字皆科斗書了不可識詰問其由深以爲異拘縶李順爲妖妄欲加刑慱訪能篆籀數輩皆不能辨一客龐眉古服自詣賓位言善識古文韓公以書示之客捧書于頂再拜賀曰此孔宣父書乃夏禹科斗文也文曰告韓滉謹臣節勿妄動公異禮加敬客出門不知所止韓慘然默坐良久了然自憶廣桑之事以爲非遠厚禮遣謝李順自是恭默謙謹克保終焉神仙感遇傳

周寶爲浙西節度使治城隍至鶴林門得古冢棺櫝將腐發之有一女子面如生鉛粉衣服皆不敗掌役者以

告寶親視之或曰此當是嘗服靈藥待時而發發則解化之期矣寶即命改葬之具車輿聲樂以送與僚屬登城望行數里有紫雲覆輛車上衆咸見一女子出自車中坐于紫雲冉冉而上久之乃沒開棺則空矣稽神錄

五代盧絳爲吉州興雲回務吏欺竊官緡罪當棄市遂亡入金陵薄游京口往來潤壁寒雪及踊折簷桶而燒守囷吏見而壯之既久遭歲飢吏無以給因俾絳夜躍囷簷竊官粟數十往一夕見長人立囷中絳于是奮縛而束之乃爲一柱遂中痁疾逾月既乏資給疲瘵且極忽夢一白衣婦人謂之曰子之疾當食蔗即愈既詰朝

見鷲者遂貽數挺絳喜而食之至旦疾損迨數夕又夢前白衣婦人謂絳曰妾乃玉眞也太尉富貴時至可詣都城妾有一詩一緡以助行旅十年後于孟家陂上奉見其詞曰清風涼月夜深時箕帚盧郎恨尚遲他日孟家陂上約再來相見是佳期言訖而去由是自負詣後主疏陳京口潤壁屯戍備禦事累爲潤州節度使金陵陷歸朝授冀州團練使以刼殺襲慎儀太宗命斬之乃呼延贊視刑事將至梁門絳顧見擁一白衣婦人來宛同昔日夢中因嗟曰玉眞矣贊問其故絳白其夢絳復問孟家陂持刃者曰斯場是矣江南野史

甘露寺僧話吳王收浙右之明年夏月瑩無雲長江如晝有僧持課俄數人自西軒上江亭而止云明月幸相遇坐定命酒列果殽竊思中夜必是幽靈于牕隙伺之東向一人衣南朝衣西向一人衣北朝衣北向一人衣縫掖衣指南向者設禮而坐南向一人朱衣霜簡清瘦多髯飛杯之次東向者曰今日忝江南游皆不乏風流矣僕嘗記公云何人種得西施花千古春風開不盡可謂越古超今矣酒至西北服曰各述曩日臨危一言以代絲竹自吟自送可乎衆曰可北服執柸而言曰趙壹能爲賦鄒陽解獻書可惜西川水不救轍中魚次至縫

掖舉白而歌曰偉哉橫海鮮壯矣垂天翼一旦失風水飜爲螻蟻食巡至東向云功遂侔昔人保退無智力旣涉太行險茲路信難陟次至朱衣高吟曰窟裏龍蛇紙上鸞逡巡千幅不將難顧雲已往羅隱髦更有何人逞筆端吟罷晨鐘鳴僧戶軋然而啟忽散

歐陽文忠公嘗宿采石渡夜聞呼聲曰去來舟尾有應之曰參政宿此不可去齋料幸携至公念舟尾且無人至五鼓又聞岸上馳驟聲舟尾者呼曰齋料如何岸上者且行且答曰道場不淸淨皆無所得而歸公異其事後半月因遊金山以告長老長老曰昨有施主在寺設

齋方第二時其妻乳卧少頃腥風滅燭時皆駭異但不知是此否公問其日乃宿采石之夜夜話錄

陳升之將薨之夕有火光起于所居之寢上宿烏皆噪邏卒走白官司請救撲曁至惟見白氣上屬空中黎明乃知其薨

閑樂先生陳伯修宣和三年以祠官居南徐一日晝寢夢至一處殿宇巍然中有人冠服如天帝正坐侍衛環列贊者引公拜殿下命升殿慰藉久之謂曰卿平生論事章疏可悉錄以進呈公對曰臣在杭州日因陳正彙事郡守賈偉節遣人搜取多已焚滅帝曰能記者錄進

卽有仙官導公至廡下幕中設几案筆研有一靑冊公方沈吟間仙官曰不必追記盡在是矣開冊示之則平日所草章疏具在公卽袖進帝喜曰已安排卿第六等官矣遂覺呼其子大理丞昱至前引其手按其頂則十字裂如小兒顖墊如火謂之曰與吾書謁刺數十將別親舊吾去矣其子請曰大人何往公告以夢子曰此吉夢其殆有歸詔耶公曰不然豐相之臨終亦夢朝帝蓋永歸之兆也已而再寢頃之覺復謂其子曰適又夢入點漆屋三間此棺槨象吾去必矣俄太守虞純臣遣人招其子告之曰適尊公有狀丐掛冠正康彊何乃爾莫

測其意言未既聞傳呼陳殿院來若已知其故者謂太守曰死生定數也公何訝戒其子曰凡吾治命事不可妄易遂歸携親戚酌酒告别既退命諸子子婦皆坐置酒諄諄告戒家人見公無疾而遽若是愕眙不知所答迨夜入寢有婢奔告諸子曰殿院咳逆不止若疾狀諸子亟走至則以趺坐而終七日忽有僧來弔以素不識止之僧云我誠不識公但疇昔在瓜洲夢一官人著朱騎馬導從甚盛淩波而北人馬不濡或指云陳殿院也故欲敬瞻遺像時名流多作挽詩紀其事黄冕仲裳云不須更草玉樓記已作仙官第六人張子韶九成云淩

波應作水中仙乃知世之偉人皆非混混流轉者傳說騎箕尾而爲列星其可信矣

崇甯中葛蘩知潤州後告老居于潤蘩奉觀音極謹久之繪像出舍利蘩每請之禮數十顆應時墮几案磔若有聲士夫聞之爭匄以歸大觀初蘩無疾正坐而逝玉壺清話

水月庵樂善錄云大觀間一士夫于京師買靴認一靴是其父葬時物詰之云一官員携來修可候之既至乃其父拜之不顧但取靴乘馬而去行二三里度不可及乃呼曰生爲父子何無一言見教父曰學鎮江太守葛蘩其子謁蘩言之因問何以爲幽冥所重蘩曰予始

者日行一利人事嗣後或二或三或十今四十年矣未
嘗少廢問何以利人蘗指坐間踏子曰此物置之不正
則蹩人足予爲正之若人渴予能與杯水皆利人事也
但隨其事而利之上自卿相下至貧匄皆可以行惟在
乎久

蔡卞寓居京口子仍幼自言是丹陽王家子訪之果然
其妻挐尚在乃來見之相語如昔時至八九歲漸熟世
境則旋忘前事矣

夏竦初仕爲丹陽邑掾一日侍母燕坐見黃鸝雙舞而
俱沒于地發之得金鸎二母取鸎瘞地焚香祝曰天若

賜夏竦願從明中來竦因築亭其上曰金鷺竦尋登制科後至者發地求金鷺不復得因遂爲池亦號金鷺

邵彪希文爲士人時夢至一官府人皆稱安撫彪自喜行至前見一大蠖煮蛤蜊作人聲呌彪姓名彪遂念彌陁一聲皆變黃雀飛去彪後果仕至安撫使王日休文

蔡佑宣和初以醮事至三茅謁柳谷陳彥只先生陳云近山數月前雷雨空中墜下一十餘歲小兒兩目不開遍體皆毛其腥逆鼻村人聚觀間忽陰雲四合雷震一聲遂失所在恐是雷部中物也竹窗雜記

淳熙五年丹陽縣市一婦人爲盜所殺沈尸于河府縣

捕逐日竣會稽姚仲文作尉自以失職絕憂之兩弓級素能搜迹姦隱銳以求盜自任先是近舍少年子常出入女家忽往淮上兩弓心疑焉言于尉丐引帖同渡江至楊子橋與少年遇固邑里素相識乃邀詣道店買酒與飲酒人持陶盞四隻設于案弓曰吾輩二人只共請一客何四之有酒人指下坐曰此女子既在席同飲何害兩弓驚愕少年獨慘沮于是詰之曰本縣某婦人死于非命豈汝爲之故寃鬼隨不捨少年無以答遂就縛而歸伏其辜

古今詩話女貞錢氏二姊妹依止陶隱居誦黃庭經卽

茅山燕洞也至今有紫菖蒲碧桃焉其姊披白練衣得道入洞及女弟至則洞已扃矣淳化五年夏侯嘉正與道士五人往彼投龍簡是夜雷震其洞復開田霖題詩曰燕口龍泓氣象清錢貞此處有遺靈仙兄去後師猶在女弟同時戸已扃雲片尙如披白練泉聲長似誦黃庭碧桃花發菖蒲紫留與人間作畫屏

曾慥百家詩選蘇養直居丹陽後湖號後湖病民盛夏追凉方與客對棋有衣褐者持謁云羅浮山道人江觀潮直造就坐曰羅浮黃眞人以公不好世之所好氣母已成令吾持丹度公袖中出小合藥黃色膏融養直以

置佛室後食蜜雪和以龍腦一夕暴下而卒所親記道人言亟取磨飲即甦紹興十七年歲旦與家人酌別二日東方未明披衣曳杖出門行步如飛妻挐奔逐挽衣則已逝矣苕溪漁隱曰洪慶善與養直皆丹陽人余以問慶善慶善云初無此事乃曾端伯傳聞之誤

雜錄

郡志所述昉自三代至於本朝古今聞見異辭所以辨疑解惑者亦既附注于各類之下今復綜校前志旁摭他書而爲雜錄一門仍別其彙以備參攷然文獻寥落網羅放失甯無闕遺嗣而補之尙

有望于後之博雅君子

子目 缺

建炎戊申高宗幸鎮江先是本府寄留温杭二州上供物有以螺鈿爲之者帝惡其奇巧令知府錢伯言毀之伯言奏曰奉詔毀螺鈿什物于市觀者莫不悅服帝因謂宰臣曰早來御史張浚奏事朕語浚曰還淳反朴須人主以身先之天下自然嚮化

開寶末丁德裕爲常潤等州經畧使德裕恃勢黷貨無厭不恤士卒人不能堪爲錢俶所奏太祖黜之

柳開守潤州旣至治所招誘羣盗以俸金給之又解衣

與賊酋置之左右或謂不可開曰彼失所則盜不爾則吾民也始懼死故假息鋒刃之下今推以赤心夫豈不懷未半歲境內輯衛

錢彥遠守潤上疏曰陛下卽政以來內無聲色之娛外無畋魚之樂而前歲地震雄霸滄登旁及荆湖幅員數千里雖往日定襄之異未甚于此今復大旱人心嗷嗷天其或者以爲陛下備寇之術未至牧民之吏未良天下之民未定故出譴告以示之苟能欽天之戒增修德業則宗廟社稷之福也古者四裔言語衣服與中國不同其來也不過驅老弱掠蓄產而已今契丹據山後諸

鎮元昊盜蠹武銀夏衣冠車服子女玉帛莫不有之往時元昊內寇出入五載天下騷然及納欵賜命則備邊長吏不復詮擇高冠大袑恥言軍旅一日契丹負恩乘利入塞豈特元昊之比耶湖廣蠻獠刼掠生民調發督斂軍須百出三年于今未聞尺寸之效惟陛下念此三方之急講長久之計以上答天戒則天下幸甚

憲竊謂彥遠出守藩方而抗疏及此憂國之忠度越時輩矣

陳亞知潤州無治狀浙憲馬尋欲按之馬至因觴于甘露寺憲曰滿酌郎中陳素滑稽驚謝曰不敢望滿但得

成資保全大幸也湘山野錄

元豐中有言知潤州鞠眞卿侮法作威請劾其罪從之神宗曰刺史縣令治民爲最近漢自刺史有入爲三公者蓋重其任爾今之藩郡不過數十往往多不得人則縣令可知也自今更宜謹擇

侍御史張汝賢奏左丞王安禮素行貪穢身任潤州太守日倡女共政私其部內館閣故老侍婢以歸閨門之內數至忿爭安禮修身治家如此其能爲陛下正百官理萬民乎安禮求去遂知江甯

元祐初蘇軾言臣竊見前者臺官論朱服不孝因此乞

外官宰相除服直龍圖閣知潤州服因人言反獲美命蓋宰相上欺朝廷下困臺諫習用此術久以成例不可不察

曾肇言王覿言事不當差知潤州臣恐在廷之臣以覿爲戒依違顧望莫肯正論所有制辭未敢修撰後覿卒守潤州

許遵領州事至之日歲荒民飢躬爲之發廩歲凶民疫躬爲之發藥大抵以仁涖政于是人說氣和雨暘應之比其次年麰登于夏稻登于秋蠶者衍絲績者衍麻

鄭德象滋晩守京口怠于爲政湯致遠爲兩浙漕宣言

俟應辦北使至郡按治之時秦檜當國德象求援于秦
蓋宣和初秦試南宮爲參詳官其所取也至是湯别以
行秦云鄭德象久不通問有少書信煩爲携達因面授
之湯視緘題門下具位秦某湯得之皤然而改

鎮江自經建炎之亂歲輸上供米率不如數轉運使按
視計倉粟之在存者尚負數萬盡扃鑰而去軍食不繼
官吏憂窘不知所出而守臣汪藻適至命破鐍給之貽
書使者曰官軍張頤待哺米在廪中而不予之食羣黔
飢餓無聊雖錮南山猶有隙也輒以便宜開發老守重
得罪不敢辭會言者譏藻而罷

京口江山素號奇偉故承平時士大夫有生居洛陽死葬朱方之語紹興罷兵屯大軍于江上向時公卿甲第與夫名勝之迹率爲營砦所占穿鑿殆遍近歲江上諸帥多生于此亦江山之秀不在此而在彼也守臣寶學劉子羽嘗曰予若早來則當置諸寨于新豐蓋新豐地平如掌庶不至壞山川之形勢云

淳熙中進呈戶部勘當知鎮江府耿秉奏如遇亢旱聽民車河水上曰河水豈可不令百姓灌田大臣等奏尋常人使來時恐水淺所以不聽人戶車水上曰稼穡事大可從耿秉所請

建炎遭寇暴失府印自後施用唯以觀察使印代之而附小帖于旁曰借用淳熙十二年耿直之秉作守言于朝詔文思院重鑄府印一鈕及給降率僚吏望闕祗拜且受賀啟視之府字左畫偏識者曰使君必不久于此當移他藩才一月果徙四明二年之間蓋德常經張定叟杓張幾仲子顔連涖兹土吳居甫琚亦兼領數月其或詔罷又頗多鮮有滿兩歲者夷堅志支集

趙彥逾以德政稱郡人爲立生祠在戶部日嘗修奏財賦乞省國用出鎮京口陛辭日復奏劄子謂之紹熙財賦稽考見刻梓郡齋

文事

唐李德裕在潤州作鼓吹賦自序云鼓吹本軒皇因出師而作前代將帥有功則假之今藩閫皆備此樂予往歲剖符金陵有童子六七人皆于此藝特妙每曲宴奏之及再至江南並逾弱冠悲流年之倏忽憶前歡而悽愴乃爲之賦見集中

宋朝許渤在潤州與范文正胡宿周茂叔遊明道先生語錄

柳開知潤州胡旦爲淮漕二人者俱以文鳴于時旦爲漢春秋邀開于金山觀之旦頗作書自矜開杖劍叱之曰生民以來未有如夫子若邱明公穀鄒夾數子止傳

迹而已爾何輩輒敢竊聖經之名今日聊贈一劍以爲狂且之戒語訖勇逐旦旦澗步攝衣急投舊艦劍鋒幾及賴舟人擁入猶斫數劍于舟以快忿焉玉壺清話

蘇丞相頌家藏書萬卷秘閣所傳居多頌自維揚拜中太一宮使歸鄉里是時葉夢得爲丹徒尉頗許其假借傳寫夢得每對士大夫言親炙之幸其所傳遂爲葉氏藏書之祖譚訓

李季常噭蘇子容丞相外孫爲予言東坡歸自儋耳舟次京口子容初薨東坡已病遣叔黨來弔自作飯僧文所謂在熙甯初陪公文德殿下已爲三舍人之冠及元

祐際綴公邇英閣前又爲五學士之首雖淩厲高躅不敢言同而出處大槩無甚相愧者明日季常與子容諸孫往謝之東坡側卧泣下不能起邵氏聞見後錄

蘇子美謫居吳中欲遊丹陽潘師旦深不欲其來宣言于人欲拒之子美作水調歌頭有擬借寒潭垂釣又恐鷗鳥相猜不肯傍青綸之句魏泰東軒筆錄

京口集載東坡詩間有遺者如贈張刁二老又景純見和復次韻贈之二首又柳子玉以詩見邀同刁丈遊金山又金山寺與柳子玉飲大醉卧寶覺禪榻夜分方醒書其壁又送金山鄉僧歸蜀開堂又去金山五年而復

至次舊詩韻贈寶覺又留別金山寶覺圓通二長老又徐元用使君與其子端常邀僕與兒子過同遊金山浮玉堂戲作又書焦山綸長老壁皆集中所遺詩並見大全集

羅隱題金山詩老僧齋罷閉門睡不管波濤四面生孫山詩結宇孤峯上安禪巨浪間亦可亞張祜詩青瑣集

熙甯中三韓使人朴寅亮作金山詩其敘舊云前後詩人不見山之爲金故曰萬疊危岑天倚杵一竿斜日水浮金陳輔之詩話

金山寺留題亦多而絕少佳句熙甯中荆公有句云天末海門橫北固煙中沙岸似西興尤爲中的遯齋閑覽西清詩

話以天末海門橫北固爲王平甫詩

楊蟠金山詩云天末樓臺橫北固夜深燈火見揚州王平甫云莊宅牙人語也解量四至後山詩話

晁以道詩清霜下牛斗凜然北固秋全似選詩雪浪齋日記

後山云余登多景樓南望丹徒有大白鳥飛近青林得句云白鳥過林分外明謝朓亦云黃鳥度青枝語巧而弱杜詩云白鳥去邊明語少而意廣詩話

米元章不及陪東坡往金山作水陸詩云久陰障奪佳山川長瀾四溢魚龍淵衆看李郭渡浮玉晴風掃出清明天頗聞妙力開大施足病不列諸方仙想應蒼壁有

垂露照水百怪愁寒煙棲雲閣云雲出救世旱澤浹雲尋歸入石了不見豐功已如遺龍鶱荐復起抱石明幽竅雲乎無定所隱者何當棲如此二詩殆出翰墨畦逕之表葢自邁往淩雲之氣流出非尋規索矩者之所可到也葛立方韻語陽秋　又金山詞云昔日丹陽行樂裏紫金浮玉臨無地寶閣化成彌勒世龍宮對時時更有天花墜浩渺一天秋水至鯨鯢鼓鬣連山沸員嶠岱輿更贔屭無根蔕莫教龍伯邦人戲寶晉集

總餉吳琚有詞刻于浮玉之石排山云我來浮玉似憑陵滄海蹴金鼇背又若騎鯨遊汗漫飛出八荒之外鐘

鼓傳聲樓臺倒影不類人間世徘徊吟眺恨無陶謝酬對今古潮落潮生問英雄多少與江俱逝直欲乘風歸閬苑疑是三生習氣未辦漁蓑先盟鷗鷺奈卜隣無地從今清夜夢魂應繞空翠

東坡與王存正仲孫洙巨源會多景樓以胡琴侑酒巨源曰殘霞晚景恐非奇才不能盡乃作詞多情多感仍多病多景樓中樽酒相逢樂事回頭一笑空停盃且聽琵琶語細撚輕攏醉臉春融斜照江天一抹紅　又詞雨過春容輕更麗只有離人幽恨終難洗北固山前三面水碧瓊梳擁青螺髻一紙鄉書來萬里問我何年眞

箇戚歸計白首送春拚一醉東風吹破千行淚
僧仲殊陪太守宴多景樓詞叢霄逸韻祥煙渺搖金翠
玲瓏三島地控全吳山横舊楚春來早千里斷雲芳草
六朝遺恨連江表都分付倚樓吟嘯鐵甕城頭一聲畫
角吹殘照帶夜潮來到　又獨登多景樓詞花戟雲幡
擁上方畫簾風細度春香銀色界前多遠景人靜鐵城
西面又斜陽山色入江流不盡古今一夢莫思量故里
無家歸去懶傷遠年華滿眼多淒涼　又詞北固山前
波浪遠鐵甕城頭畫角殘聲短促酒濺金僊小宴燈搖
蠟焰香風軟落日煙霞晴滿眼欲仗丹青巧筆彤牙管

解寫伊川山色淺誰能畫得江天晚
陸游多景樓賦水調歌頭張孝祥書而刻之崖石江左占形勝最數古徐州連山如畫佳處縹緲著危樓鼓角臨風悲壯烽火連空明滅往事憶孫劉千里曜戈甲萬竈宿貔貅露霑草風落木歲方秋使君宏放談笑洗盡古今愁不見襄陽登檻磨滅游人無數遺恨黯難收叔子獨千載名與漢江流
東坡云屬玉雙飛水滿塘菰蒲深處浴鴛鴦白蘋滿棹歸來晚秋著蘆花一岸霜扁舟繫岸依林樾蕭蕭兩鬢吹華髮萬事不理醉復醒長占煙波弄明月此篇若置

李太白集中誰疑其非乃吾家養直所作清江曲也葛立方韻語陽秋云旣爲東坡所賞名已不沒而又作後清江曲一篇豈養直尙惡其少作耶所謂呼兒極浦下笭箵社瓮欲熟浮蛆香輕蓑淅瀝鳴秋雨日暮乘流自相語如此等句前清江曲似未到也

錢穆父守潤東坡賦朝中措别之昨夜扁舟京口今朝馬首長安舊官何物與新官只有湖山公案此景百年幾變箇中下語千難使君才氣卷波瀾與把新詩判斷

東坡元日過丹陽明日立春寄魯元翰詩云西湖弄水猶應早北寺觀燈欲及辰趙堯注北寺在潤州上元最

盛未詳北寺今爲何寺

葉石林夢得琴趣外篇注云程致遠寄頃與江子我登北固山用赤壁韻因記往歲舊游詞曰雲峯橫起障吳關三面眞成尤物倒卷回潮目盡處秋水粘天無壁綠鬟人歸如今雖在空有千莖雪追尋如夢漫餘詩句猶傑聞道尊酒登臨孫郎終古遺恨歌時發萬馬雲屯瓜步晚落日旌旗明滅鼓吹風高畫船遙想一笑吞窮髮當時曾照更誰重問山月

文康葛勝仲有文號丹陽集嘗寓居丹陽作詩自序云里中無居寓丹陽縣書懷呈邑宰張濛子蒙假守秦頭

兩月彊往來遵路一年忙幸逢庇邑人惟舊塹脫浮家計亦艮退食井腴如就國勝仲封丹陽子遙尋祖系似還鄉葛稚川丹陽人南風末便輕蓬篳也與虛窗拂袵凉集中與洪慶善孫道祖唱和如送慶善赴廣德軍詩首句云五年心跡寄滄洲邂逅連牆接俊遊

世傳李太白草書數軸乃葛叔忱僞書叔忱豪放不羣或歎太白無字畫可傳叔忱偶在僧舍縱筆作字一軸題之曰李太白書且與其僧約異日無語人其所謂得之丹徒僧舍者乃書之丹徒僧舍也邵氏聞見後錄

蓬池先生聞人武子嘗寓居丹徒之丁角所作詩文號

蓬池編曾慥端伯掇入百家詩選有丁角暮春詩綠葉成陰春已歸茅檐相對兩斜暉殘花且插春事急別酒欲酌歌聲微黃鳥忿忿隔林語楊花欵欵沾人衣人間一別春常好過我漁舟果是非

崔鷗德符命僧仲殊賦南徐好十詞　一甕城　南徐好鼓角亂雲中金地浮山星兩點鐵城橫鏁甕三重開國舊誇雄春過後佳氣蕩晴空淥水畫橋沽酒市清江晚渡落花風千古夕陽紅　二花山李衛公園亭

南徐好城裏小花山淡薄融香松滴露蕭疎籠翠竹生煙風月共閑閑金暈暗燈火小紅蓮太尉昔年行樂

地都八今日散花天桃李但無言　三淥水橋　南
徐好橋下淥波平畫柱千年嘗有鶴垂楊三月未聞鶯
行樂過清明南北岸花市管絃聲邀客上樓雙榼酒艤
舟清夜兩街燈直上月亭亭　四沈内翰宅百花堆
南徐好溪上百花堆宴罷歌聲隨水去夢回春色入
門來芳草遍池臺文彩動奎璧爛昭回玉殿儀刑推舊
德金鑾詞賦少高才丹詔起風雷　五刁學士宅藏
春塢　南徐好春塢鏁池亭山送雲來長入夢水浮花
去不知名煙草上東城歌榭外楊柳晚青青收拾年華
藏不住暗傳消息漏新聲無計奈流鶯　六多景樓

南徐好多景在樓前京口萬家寒食日淮南千里夕陽天天際幾重山鷺啼處人倚畫欄干西塞煙深晴後色東風春減夜來寒花滿過江船　七金山寺化城閣　南徐好浮玉舊花宮啄破琉璃閑世界化城樓閣在虛空香霧鎖重重天共水高下混相通雲外月輪波底見倚欄人在一光中此景與誰同　八陳丞相宅西樓　南徐好樽酒上西樓調鼎勳庸還世事鎮江旌節從仙遊樓下水空流桃李在花月更悠悠侍燕歌終無舊夢畫眉燈暗至今愁香冷舞衣秋　九蘇學士宅綠楊村　南徐好橋下綠楊村兩謝風流稱郡守二

蘇家世作州氏文彩動星辰書萬卷今日富兒孫三徑客來消永晝百壺酒盡過芳春江月伴開樽　十京口　南徐好直下控淮津山放凝雲低鳳翅潮生輕浪卷龍鱗清洗古今愁天盡處風水接西濱錦里不傳溪上信楊花猶見渡頭春愁殺渡江人見寶月集

秦少游長相思慢有鐵甕城高蒜山渡濶干霄十二層樓開尊待月卷箔披風依然燈火揚州之句

呂大虬叔潛言鎮江丹陽玉乳泉壁間一絶云騎馬出門三月暮楊花無奈雪漫天客情最苦夜難度宿處先尋無杜鵑然不著名氏也唐溪詩話

嘉定鎭江志卷二十一終

嘉定鎮江志卷二十二

雜錄

武事

梁侯景敗羊鵾密圖之景惟餘三舸下海欲向蒙山會景晝寢鵾語海師此中何處有蒙山汝但聽我處分遂直向京口至胡豆洲景覺大驚將依郭元建鵾拔刀叱海師使向京口景欲投水鵾以矟入刺殺之

隋楊素造大艦名曰五牙容戰士八百人次曰黃龍置兵百人自餘平乘舴艋等各有差隋軍臨江素帥水軍東下舟艫被江旌甲耀日陳人望之懼曰清河公江神

也江濱鎮戍聞隋軍將至相繼奏聞施文慶沈客卿抑
而不言初上使南平王嶷鎮江州永嘉王彥鎮南徐州
尋詔二王赴明年元會命沿江諸防船艦悉從二王還
都爲威勢示梁人之來奔者由是江中無一鬭船上流
諸州兵皆阻素軍不得至護軍將軍樊毅言于僕射袁
憲曰京口采石俱是要地各須銳兵五千並出金翅二
百緣江上下以爲防備憲及驃騎將軍蕭摩訶皆以爲
然與羣臣議請如毅策文慶客卿白帝曰此是常事邊
城將帥足以當之若出人船必恐驚擾及隋軍臨江間
諜驟至憲等殷勤奏至再三文慶曰元會將逼南郊之

日太子多從今若出兵事便廢闕議久不決帝從容謂
侍臣曰王氣在此齊師三來周師再來無不摧敗彼何
爲者邪都官尚書孔範曰長江天塹古以爲限隔南北
今日虜軍豈能飛度邪邊將欲作功勞妄言事急臣每
恨官卑彼若渡江臣定作太尉公矣帝故不爲深備春
正月朔賀若弼自廣陵引兵濟江陳人不覺攻拔京口
執南徐州刺史黄格弼軍令嚴肅秋毫無犯所俘獲皆
釋之給糧勞遣所至風靡弼分兵斷曲阿之衝進據鍾
山頓白土岡之東杜彦與韓擒虎步騎並進陳人大駭
降者相繼弼之攻京口也蕭摩訶將兵逆戰陳主不許

及弼至鍾山摩訶又曰弼軍深入壘未堅出兵掩襲可以必克又不許竟以取亡

郭衍開皇十年從晉王廣鎮揚州遇江表唱逆命衍爲總管領精鋭萬人先屯京口于貴洲南與賊戰敗之生擒魁帥大獲舟楫糧儲以充軍實

劉元進作亂江南以兵攻潤州帝召吐萬緒討之緒率衆至楊子津元進自茅蒲將渡江緒勒兵擊走緒因濟江背水爲柵明旦元進來攻又大挫之賊解潤州圍而去緒進屯曲阿元進復結柵拒緒挑之元進出戰陳未整緒以騎突之賊衆遂潰赴江水死者數萬元進挺身

夜遁
唐咸通初浙東賊帥裘甫攻陷象山浙東騷動觀察使鄭祗德求救于隣道浙西遣牙將淩茂正將四百人赴之祗德饋之比度支常饋多十三倍而宣潤將士猶以爲不足請土軍爲導以與賊戰諸將或稱病或陽墜馬其肯行者必先邀職級竟不果遣
唐承訓討蠻寇詔發許滑青汴兖鄆宣潤八道兵以授之承訓不設斥堠入境敵至不設備五道兵八千人皆沒
建炎初趙子崧守潤辛道宗下叛兵子崧禦之銳甚及

與戰府兵敗績子崧領親兵渡江保瓜洲賊入城遂據
之子崧以散官貶南雄州
羣盜有張遇等號一窩蜂初犯江甯府江淮制置使劉
光世截其後軍破之遇轉由眞州攻陷鎮江守臣錢伯
言弃城而去張遇屯于金山寺及楊子橋衆約三萬詔
兩浙制置使王淵招安之賊遂聽命淵奏授遇與其將
劉立等官伯言始歸鎮江詔降二級給事中汪藻言建
康京口九江皆要害之地當宿重兵故杜充守建康韓
世忠守京口劉光世守九江而以王𤫊隸杜充其措置
非不盡善若敵騎渡江充世忠𤫊并力扼其前光世掩

其後可使奔北不暇而世忠八九月間已掃鎮江所儲之貲盡裝海船焚其城郭而去洎充力戰于前世忠㺚卒不爲用光世亦偃然坐視不出一兵臣愚以爲敵退之後正朝廷大明賞罰之時莫若擇有威望大臣一人盡護諸將雖陛下親軍亦聽其節制稍以法裁之

初鎮江無守兵獨恃制置使韓世忠之軍以爲固時世忠引兵駐江陰而建康潰卒戚方等迫城以萬計守臣胡唐老度不能支因撫定之無何方欲犯浙西妄言赴行在請唐老部衆以行唐老不從爲方所害

邵清據通州崇明鎮安撫大使劉光世大破之始清聚

于蕪湖光世嘗遣王德王世忠招降之亡卒有告清劉
軍無糧清乃自貳與其衆謀曰劉公謂我降必不疑可
順流直趨京口畧戰船爲入海計清遂夜至鎮江屯于
海門光世命德等急攻之遂請降
金監軍撻辣遣太乙索菫等提兵南寇撥兀朮進圍揚
州守張縝金壇人也朝廷恐其力不能支許退保鎮江
縝堅守不動故蘇庠挽張彥知詩云縝字彥知敵騎乘秋入
妖氛擁賊營孤城控淮海百口付柴荊徒想回天力空
餘戀闕情艱難思報主炯炯寸心明注云己酉冬金人
入境公獨守廣陵不顧其家後湖集

紹興初左僕射呂頤浩言今歲必稔欲于鎮江府上下
積粟三十萬石備軍用上曰若選得精兵十五萬分作
三軍何事不成祖宗取天下兵數不過此
四年鼎寇楊么敗行下詔安而賊以不堪程昌寓殺戮
爲辭尋詔除昌寓徽猷閣待制知鎮江府候招安畢日
行
十一年春中外議論紛然以金兵逼江爲憂上謂宰執
曰今日之勢與建炎不同建炎間我兵皆退保江南杜
充書生遣偏將輕與彼戰故彼得乘間猖獗今韓世忠
屯淮東劉錡屯淮西岳飛屯上流張浚方自建康進兵

前渡彼若窺江則我兵皆乘其後今雖虛鎮江一路以
檄呼其渡江亦不敢來蓋上沈機料敵明果如此
三十年秋知院葉義問奏應變之說中云鎮江劉寶與
馬帥成閔則眞揚通泰之所隸江陰正控海道宜自鎮
江分兵以扼之
金亮自采石之敗北抵瓜洲虞允文謂李顯忠曰賊懲
采石之敗往合瓜洲兵鎮江無備某當往第患兵少今
采石深塹築堤或伐木爲柵守禦甚固敵未可卒犯鎮
江邊岸分屯備禦甚多要害僅數處將軍共任其責分
一兵如何須更得百餘戰艦則事濟矣顯忠曰敬受命

洎至建康知府事張燾謁允文曰燾所謂賴公庇諸公問可往鎮江者皆有難色燾謂允文允文忻然從之往鎮江見劉錡錡已疾劇執允文手曰朝廷養兵二十年我兵一技無所施今日成大功勳乃一中書舍人也錡愧當死矣晁公愈辛巳金人叛盟請盟錄

敵圍海州鎮江都統制張子蓋奉詔整軍渡江解圍既而有旨犒解圍軍時鎮江前軍右軍太平州武鋒軍以在圍中獨不與淮東總領洪适從權比附且倍其賞适又奏沿邊已招降者若使飢寒失所則必怨望乞將有官人與給料歷進勇副尉與依武勇給券四口五口以

上亦與添給口食人謂趦臨事知變如此
恤刑
宋文帝紀元嘉四年二月幸丹徒謁京陵三月丙子詔蠲此縣今年租布五歲刑以下皆悉原遣
明帝紀泰始元年赦揚南徐三州四繫凡逋亡一無所問
齊武帝紀永明二年四月詔揚南徐等五州統內諸獄並部送還臺須候克日斷枉直
唐貞元八年江淮荆襄大水遣京兆少尹韋武往揚楚廬壽滁潤蘇常湖等州宣撫詔繫囚及獄訴久不決者

委所在長吏卽與疏辨務從寬簡俾絶寃滯貪官暴吏
苛法害公特加懲肅用明典憲

鞫獄

唐韓滉在潤州夜與從事登萬歲樓方酣置杯不悅語
左右曰汝聽婦人哭乎當近何所或對在某橋某街詰
朝命吏捕哭者訊之信宿獄不具吏懼罪守于屍側忽
有大青蠅集其首發髻驗之果婦私于鄰醉其夫而釘
殺之吏以爲神因問晉公晉公云吾察其哭聲疾而不
悼若彊而懼者王充論衡云鄭子產晨出聞婦人之哭
拊僕之手而聽有間使吏執而問之卽手殺其夫也異

日其僕曰夫子何以知之子產曰凡人于其所親愛知病而憂將死而懼已死而哀今哭已死而懼知其姦也

李德裕出鎮浙右日有甘露寺主事僧訴交代得常住什物被前主事僧隱用郤常住金若干兩引證前數輩皆有遞相交割傳領文籍分明衆詞皆指以新得替者隱而用之且初上之時交領分兩既明及交割之日不見其金鞫成具獄伏罪昭然然未窮破用之所或以僧人不拘僧行而費之以無理可伸甘之死地引慮之際公疑其未盡微以意揣之具實以聞曰前後主者積年以來空交分兩文書其實無金矣羣衆欲乘此擠排因

流涕不勝其寃公憫曰此固非難吾得之矣立促召兜子數乘命闗連僧入對事咸遣坐兜子下簾子畢指揮門不令相見命取黄泥各令模前後交付下次金樣以憑證據僧既不知形段竟模不成公怒劾前數輩皆一一伏罪其所排者遂獲清雪
宋朝張昪知潤州日有婦人之夫出外數日不歸忽有人報菜園井中有死人婦人驚往視之號哭曰此吾夫也遂以聞官昪令屬鄰里就井驗是其夫與非衆以井深不可辨請出屍驗之昪曰皆不能辨婦人何以知爲其夫收付所司鞫問果姦人殺其夫而婦人預聞其謀

昇後爲名臣

鞠眞卿守潤民有鬬毆者本罪之外別令先毆者出錢以與後應者小人靳財兼不憤輸錢于敵人終日紛爭相視無敢先下手者

紹興戊寅鄭作肅知鎭江府嚴屠牛之禁嘗有牛奔至府問之果將就屠者人皆異之

拾遺

唐成都府有散花樓河中有薰風樓綠莎廳揚州有賞心亭鄭州有夕陽樓潤州有千巖樓今皆易其名或不復見春明退朝錄

唐時以齊州靈巖荆州玉泉潤州棲霞台州國清爲四絶九域志台州古蹟

潤州大江本與今揚子橋對岸而瓜洲乃江中一洲耳故潮水悉通揚州城中李紳與李頻詩云鸕鷀山頭片雲晴揚州城裏見潮生以爲自大歷後潮信始不通今瓜洲既與揚子橋相連自揚子距江尚三十里瓜洲以閘爲限則不惟不至揚州亦自不至揚子矣蔡寬夫詩話

京口江中沙田田戸每歲旦收一瓿以秤水水重則是年江水大若水輕則江水小歲歲不差蔡佑雜記

晉刁協之孫逵素殷富奴客縱橫固吝山澤爲京口之

蠹逵之誅也其子彌亡命帥數十人入京口城太尉留府司馬陸仲元擊斬之劉裕散其資蓄令百姓稱力而取之彌日不盡時天下飢弊編戶賴之以濟焉以晉書及通鑑參定

梁邵陵王綸攝南徐州事輕險躁虐喜怒不常遨遊市里雜于厮隸嘗問賣䱓者曰刺史何如對者言其躁虐綸怒令吞䱓以死

張僧繇吳人潤州興國寺苦鳩鴿棲梁上穢汚尊容僧繇乃東壁上畫一鷹西壁上畫一鷂皆側首向簷外看自是鳩鴿等不敢復來太平廣記

隋麥鐵杖始興人驍勇有膂力日行五百里性疏誕不治產業陳大建中結聚爲盜没爲官戸配執御傘每罷朝後行百餘里夜至南徐州踰城刼盜旦還及時仍執傘如此者十餘度物主識之州以狀奏朝士見其每旦常在不之信後數告變尚書蔡證曰此可驗耳于仗下時募以百金求人送詔書與南徐州刺史鐵仗出應募齎勑而往明旦及奏事帝曰信然爲盜明矣惜其勇捷誡釋之

唐丹陽鄭氏女有相者言是女當生天子李錡聞之納爲侍人錡誅没入掖廷侍懿安后憲宗幸之遂生宣宗

後尊爲皇太后杜秋娘亦錡妾也錡滅籍之入宫有寵于景陵後賜歸故鄉杜牧過金陵感其窮且老爲之賦詩見類集

金壇縣唐大歷中有北人爲主簿以竹筒齎蝎十餘枚置于廳事後遂孳育至百餘爲土氣所蒸而不能螫人南人不識呼爲主簿蟲太平廣記

高駢鎮京口召致方技士求不死之道呂用之以其術適于客次逾月不召俞公楚奇之强爲儒服目曰江西呂巡官因薦于駢自是出入無禁專方藥香火事駢移鎮補右職用之乃立私黨逞妖妄濫刑重賦道路怨嗟

懷亂用之懼請置巡察使召募廢吏陰狡凶狠者得百許人縱橫閭巷謂之察子至于士庶之家密言隱語莫不知之縱謹靜端默亦不免禍破滅者數百家將校中累足屏氣焉

范文正公在睢陽遣堯夫到姑蘇般麥五百斛堯夫時尚少既還舟次丹陽見石曼卿問寄此久近曼卿曰兩月矣三喪在淺土欲葬之而北歸無可與謀者堯夫以所載麥舟付之單騎自長蘆捷徑而去到家拜起侍立良久文正曰東吳見故舊乎曰曼卿爲三喪未舉方留滯丹陽時無郭元振莫可告者文正曰何不以麥舟與

之堯夫曰已付之矣

錢彦遠知潤州值上元於因勝寺法堂設戲幄時庭下新以花甎甃之彦遠飭役徒掘甎埋柱主僧曇穎者法辯迅敏度其氣驕難諷但佯語曰可惜打破八花甎彦遠遂止

元祐二年高麗僧義天航海問道至明州傳云義天棄王位出家上疏乞徧歷叢林問法受道有詔朝奉郎楊傑管伴所至吳中諸刹皆迎餞如王臣禮至金山了元床坐納其大展次公驚問其故元曰義天亦異國僧耳叢林規繩如是不可易也朝廷聞之以元爲知大體冷齋

夜話

蘇庠云妙惠大師之醫治病取差蓋飲上池水者也若鷹起鶻落鷙鳥擊而風迫之也余行年七十得疾甚可畏一日間欲死者屢師調護甚至俄得羅浮山黄眞人神丹而愈自是疾每作得師調護輒安余方將盤結草庵于風煙之表當與師爲蓮社之游師其許我哉

嘉定鎮江志卷二十二終